CADA DIA ES UN BUEN DIA

CADA DÍA ES UN BUEN DÍA

101
Historias famosas de la
tradición Zen

*Recopilación de Paul Reps
y Nyogen Senzaki*

Traducción
Margarita Matarranz

GRUPO
EDITORIAL
norma

Barcelona, Bogotá, Buenos Aires, Caracas, Guatemala,
Lima, México, Miami, Panamá, Quito, San José, San Juan,
Santiago de Chile, Santo Domingo

Edición original en inglés:
101 ZEN STORIES
recopiladas por Nyogen Senzaki y Paul Reps.
Una publicación de Tuttle Publishing
153 Milk Street, Boston, Massachusetts 02109, U.S.A.
Copyright © 1957, 1985, 1998
por Charles Tuttle Co, Inc.

Impreso por Cargraphics S. A. — Imprelibros
Impreso en Colombia — Printed in Colombia

Edición, Patricia Torres
Diseño de cubierta, María Clara Salazar
Armada electrónica, María Inés de Celis

ISBN 958-04-5255-5

1 2 3 4 5 6   99 00 01 02

ESTAS HISTORIAS FUERON TOMADAS de un libro llamado el *Shaseki-shu* (Colección de Piedra y Arena), escrito al final del siglo trece por el maestro Zen japonés Muju (el que no reside), y de anécdotas de monjes Zen sacadas de diversos libros publicados en Japón hacia comienzos de este siglo.

Para los orientales, más interesados en ser que en hacer, el hombre más digno de respeto es el que se ha descubierto a sí mismo. Tal hombre propone abrir su conciencia como lo hizo Buda.

Estas historias tratan de tales autodescubrimientos.

El texto que sigue está adaptado del prólogo a la primera edición en inglés de estas historias.

▲

Se podría llamar Zen el arte y el designio internos de Oriente. Fue introducido en China por Bodhidharma, que llegó de la India en el siglo sexto, y llevado al Japón hacia el siglo doce. Ha sido descrito como: "Una enseñanza especial sin escrituras, más allá de las palabras, que apunta a la esencia de la mente del hombre, que ve directamente la naturaleza propia y alcanza la iluminación".

El Zen se conoció como *Ch'an* en China. Los maestros Ch'an-Zen, en vez de ser seguidores de Buda, aspiran a ser sus amigos y a ubicarse en la misma relación de comunicación con el universo que tuvieron Buda y Jesús. El Zen no es una secta sino una experiencia.

El hábito Zen de búsqueda de uno mismo a través de la meditación para realizar su verdadera naturaleza, sin preocuparse de los formulismos, con insistencia en la disciplina y en la simplicidad de vida, finalmente ganó el apoyo de la nobleza y las clases gobernantes en Japón, y el profundo respeto de todos los niveles del pensamiento filosófico en Oriente.

Los dramas No son historias Zen. El espíritu Zen ha llegado a significar no solamente paz y comprensión, sino devoción al arte y al trabajo, el rico despliegue de la aceptación, la apertura a la introspección, la expresión de la belleza innata, el encanto intangible de lo incompleto. El Zen comporta muchos significados, ninguno completamente definible. Si se definen, no son el Zen.

Se ha dicho que si usted sigue la Vía del Zen en su vida no tiene miedo, ni dudas, ni anhelos innecesarios ni emociones extremas. No lo turban las actitudes estrechas ni las emociones egoístas. Sirve a la humanidad humildemente, cumpliendo su presencia en este mundo con benevolencia y observando su paso como un pétalo que cae de una flor. Sereno, goza la vida en una tranquilidad dichosa. Ése es el espíritu del Zen, cuyo ropaje es miles de templos en China y Japón, sacerdotes y monjes, riqueza y prestigio, y a menudo el mismo formalismo que debería trascender.

Estudiar el Zen, el florecimiento de la propia naturaleza, no es una tarea fácil en ninguna época o civilización. Muchos maestros, verdaderos y falsos, se han propuesto ayudar a otros en esta realización. Estas historias se han desarrollado a partir de innumerables aventuras reales en el Zen. Ojalá el lector las realice a su vez en la experiencia vital de hoy.

1 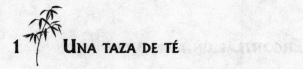 UNA TAZA DE TÉ

NAN-IN, UN MAESTRO JAPONÉS de la era Meiji (1868-1912), recibió a un profesor universitario que fue a preguntar sobre el Zen.

Nan-in sirvió té. Llenó la taza de su visitante y siguió vertiendo.

El profesor miraba cómo se derramaba hasta que no pudo contenerse más. "Está repleta. ¡No cabe más!"

"Como esta taza", dijo Nan-in, "usted está lleno de sus propias opiniones y especulaciones. ¿Cómo puedo mostrarle el Zen si no vacía primero su taza?"

2 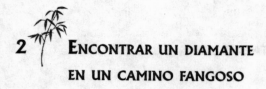 ENCONTRAR UN DIAMANTE EN UN CAMINO FANGOSO

GUDO ERA EL MAESTRO del emperador de su tiempo. Sin embargo, solía viajar solo como un peregrino mendicante. Una vez, de camino a Edo, el centro cultural y político del shogunado, llegó a un pueblecito llamado Takenaka. Era de noche y caía una fuerte lluvia. Gudo estaba completamente mojado. Sus sandalias de paja estaban en pedazos. En una casa de campo cerca del pueblo, vio cuatro o cinco pares de sandalias en la ventana y decidió comprar un par seco.

La mujer que se las ofreció, viendo lo mojado que estaba, lo invitó a pasar la noche en su casa. Gudo aceptó agradecido. Entró y recitó un sutra* ante el altar familiar. Entonces le presentaron a la madre de la mujer y a sus hijos. Viendo

---

* *Sutra:* escrito destinado a transmitir las enseñanzas. *[N. de la Trad.]*

que toda la familia estaba deprimida, Gudo preguntó qué pasaba.

"Mi esposo es un jugador y un borracho", le dijo la mujer. "Cuando gana, toma y se vuelve violento. Cuando pierde, pide dinero prestado. A veces, cuando está completamente ebrio, no llega a casa siquiera. ¿Qué puedo hacer?"

"Lo ayudaré", dijo Gudo. "Aquí tiene dinero. Cómpreme un galón de buen vino y algo bueno para comer. Después se puede retirar. Meditaré ante el altar".

Cuando el hombre de la casa volvió hacia la medianoche, completamente borracho, vociferó: "Eh, mujer, estoy en casa. ¿Tienes algo que darme de comer?"

"Tengo algo para usted", dijo Gudo. "Me sorprendió la lluvia y su esposa me invitó amablemente a pasar aquí la noche. A cambio he comprado vino y pescado, así que puede comer también".

El hombre estaba encantado. Se tomó el vino

de inmediato y se acostó en el suelo. Gudo se sentó en meditación a su lado.

Por la mañana, cuando el hombre se despertó, había olvidado la noche anterior. "¿Quién es usted? ¿De dónde viene?", le preguntó a Gudo, que todavía estaba meditando.

"Soy Gudo de Kioto y me dirijo a Edo", replicó el maestro Zen.

El hombre estaba completamente avergonzado. Se disculpó repetidas veces ante el maestro de su emperador.

Gudo sonrió. "Todo en esta vida es impermanente", explicó. "La vida es muy breve. Si sigue jugando y tomando, no le quedará tiempo para realizar nada más, y además, le causará sufrimiento a su familia".

La percepción del esposo despertó como de un sueño. "Usted tiene razón", declaró. "¡Cómo puedo pagarle por esta maravillosa enseñanza! Permítame salir a despedirlo y llevar sus cosas un trecho".

"Si quiere", consintió Gudo.

Los dos se pusieron en camino. Cuando habían recorrido tres millas, Gudo le dijo que regresara. "Otras cinco millas", le rogó el hombre. Continuaron caminando.

"Puede regresar ahora", sugirió Gudo.

"Después de otras diez millas", replicó el hombre.

"Regrese ahora", dijo Gudo cuando habían recorrido las diez millas.

"Voy a seguirlo el resto de mi vida", declaró el hombre.

Los maestros Zen modernos de Japón vienen del linaje de un famoso maestro que fue el sucesor de Gudo. Su nombre era Mu-nan, el hombre que nunca volvió atrás.

3  ¿Ah sí?

EL MAESTRO ZEN HAKUIN era admirado entre sus vecinos por llevar una vida pura.

Cerca de él vivía una bella chica japonesa, cuyos padres tenían una tienda de comestibles. De pronto, sin aviso, sus padres descubrieron que estaba embarazada.

Esto los puso furiosos. Ella se negaba a confesar quién era el padre, pero después de mucho hostigamiento nombró al fin a Hakuin.

Muy enfadados, los padres fueron donde el maestro. "¿Ah sí?", fue todo lo que dijo.

Cuando el niño nació, se lo llevaron a Hakuin. Para entonces había perdido su reputación, lo que no le preocupaba, pero se encargó con mucho esmero del niño. Los vecinos le daban leche y todo lo demás que el pequeño necesitaba.

Después de un año la joven madre no pudo

soportarlo más. Les dijo a sus padres la verdad, que el verdadero padre del niño era un joven que trabajaba en el mercado de pescado.

La madre y el padre de la chica fueron enseguida a pedirle perdón a Hakuin, a disculparse y a llevarse al niño de nuevo.

Hakuin estuvo de acuerdo. Al entregar al niño, todo lo que dijo fue: "¿Ah sí?"

4 OBEDIENCIA

A LAS CHARLAS del maestro Bankei asistían no sólo los estudiantes de Zen sino personas de todos los rangos y sectas. Nunca citaba los sutras ni se complacía en disertaciones escolásticas. Sus palabras salían directamente de su corazón a los corazones de sus oyentes.

Su amplio auditorio enfureció a un sacerdote de la secta de Nichiren, porque sus adeptos la habían dejado para escuchar sobre el Zen*. El egocéntrico sacerdote fue al templo decidido a debatir con Bankei.

"¡Eh, maestro Zen!", lo desafió. "Espera un momento. El que te respeta obedecerá lo que dices, pero un hombre como yo no te respeta. ¿Puedes hacerme obedecerte?"

"Ven a mi lado y te mostraré", dijo Bankei.

Orgullosamente el sacerdote se abrió paso a empujones por entre la multitud hasta el maestro.

Bankei sonrió. "Ven a mi izquierda".

El sacerdote obedeció.

"No", dijo Bankei, "podemos hablar mejor si estás a mi derecha. Pasa aquí".

El sacerdote cruzó orgullosamente al lado derecho.

---

* *Nichiren:* sacerdote budista japonés del siglo XIII, fundador de una secta que estaba en contra de las tres principales sectas budistas de la época (Shingon, Amidaísmo, Zen).

"Ya ves", observó Bankei, "estás obedeciéndome y creo que eres una persona muy dócil. Ahora siéntate y escucha".

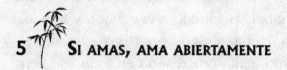

5   SI AMAS, AMA ABIERTAMENTE

VEINTE MONJES Y UNA MONJA, que se llamaba Eshun, practicaban con cierto maestro Zen.

Eshun era muy bonita, a pesar de su cabeza rasurada y su sencillo vestido. Varios monjes se enamoraron secretamente de ella. Uno le escribió una carta de amor insistiendo en un encuentro privado.

Eshun no contestó. Al día siguiente el maestro dio una conferencia al grupo y cuando acabó, Eshun se levantó. Dirigiéndose al que le había escrito, dijo: "Si realmente me amas tanto, ven y abrázame ahora".

6  SIN BENEVOLENCIA AMOROSA

HABÍA UNA ANCIANA EN CHINA que había protegido a un monje durante cerca de veinte años. Le había construido una cabaña y lo había alimentado mientras meditaba. Finalmente se preguntó cuánto había progresado en todo ese tiempo.

Para averiguarlo, pidió ayuda a una muchacha que ardía en deseos de pasión. "Ve y abrázalo", le dijo, "y después pregúntale de repente: '¿Y ahora qué?'".

La muchacha fue a visitar al monje y sin mucho preámbulo lo acarició y le preguntó qué iba a hacer al respecto.

"Sobre una roca fría crece un árbol viejo en invierno", contestó el moje bastante poéticamente. "No hay calor en ninguna parte".

La muchacha volvió y refirió lo que el monje había dicho.

"¡Pensar que he mantenido a este tipo durante veinte años!", exclamó la anciana enfurecida. "No mostró ninguna consideración por tu necesidad, ni disposición a explicar tu situación. No tenía que responder a la pasión, pero al menos podía haber demostrado algo de compasión".

Se dirigió inmediatamente a la cabaña del monje y la incendió.

7 ANUNCIO

TANZAN ESCRIBIÓ sesenta tarjetas postales el último día de su vida y pidió a un ayudante que las echara al correo.

Después expiró.

Las tarjetas decían:

Me voy de este mundo.
Éste es mi último anuncio.

Tanzan
27 de julio, 1892

8 GRANDES OLAS

EN LOS PRIMEROS DÍAS de la era Meiji, vivió un luchador famoso llamado O-nami, "Grandes olas". O-nami era tremendamente fuerte y conocía el arte de la lucha. En sus combates privados derrotaba incluso a su maestro, pero en público era tan tímido que sus propios alumnos lo derribaban.

O-nami pensó que debía ir a un maestro de Zen en busca de ayuda. Hakuju, un maestro peregrino, se había detenido en un monasterio cercano, así que O-nami fue a verlo y le contó su problema.

El maestro aconsejó: "Tu nombre es Grandes Olas, así que quédate esta noche en este templo. Imagina que eres esas olas. Ya no eres un luchador con miedo. Eres esas olas inmensas que barren todo ante ellas, que se tragan todo a su paso. Haz esto y serás el más grande luchador del país".

El maestro se retiró. O-nami se sentó en meditación tratando de imaginarse a sí mismo como olas. Pensó en muchas cosas diferentes. Gradualmente se centró cada vez más en la sensación de las olas. Según avanzaba la noche, las olas se volvían cada vez más grandes. Arrasaron con las flores de los floreros. Incluso el Buda del altar se inundó. Antes del amanecer, el templo no era más que el flujo y reflujo de un inmenso mar.

Por la mañana el maestro encontró a O-nami meditando, con una débil sonrisa en la cara. Le dio unas palmaditas en el hombro. "Ahora nada puede perturbarte", dijo. "Tú eres esas olas, puedes barrer todo ante ti".

Ese mismo día O-nami participó en las competencias de lucha y ganó. Después de eso nadie en Japón pudo derrotarlo.

9 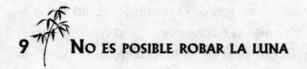 NO ES POSIBLE ROBAR LA LUNA

RYOKAN, UN MAESTRO ZEN, vivía una vida muy sencilla en una pequeña cabaña al pie de una montaña. Una noche un ladrón entró en la cabaña, pero encontró que no había nada que robar.

Ryokan regresó y lo sorprendió. "Has debido venir de muy lejos a visitarme", le dijo al merodeador, "y no deberías volver con las manos vacías. Por favor, llévate mis vestidos como regalo".

El ladrón quedó desconcertado. Tomó los vestidos y se escabulló.

Ryokan se quedó sentado desnudo, mirando la luna. "Pobre hombre", murmuró, "quisiera haber podido darle esta hermosa luna".

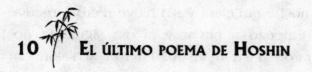

10 EL ÚLTIMO POEMA DE HOSHIN

EL MAESTRO ZEN HOSHIN vivió muchos años en China. Después volvió a la región nororiental del Japón, donde enseñó a sus discípulos. Cuando ya era muy viejo, les contó una historia que había oído en China. Ésta es la historia:

Un año, el veinticinco de diciembre, Tokufu, que era muy viejo, dijo a sus discípulos: "No estaré vivo el próximo año, así que muchachos, deberían tratarme bien este año".

Los alumnos pensaron que estaba bromeando, pero puesto que era un maestro magnánimo, cada uno lo invitó a una fiesta en los días siguientes del año que acababa.

La víspera de año nuevo Tokufu concluyó: "Han sido buenos conmigo. Los dejaré mañana por la tarde cuando cese de nevar".

Los discípulos se rieron pensando que se estaba volviendo viejo y diciendo tonterías, ya que la noche era clara y sin nieve. Pero a media noche empezó a nevar y al día siguiente no encontraron a su maestro. Fueron al salón de meditación. Había muerto allí.

▲

Hoshin, que relataba esta historia, dijo a sus discípulos:

"No es necesario que un maestro Zen prediga su muerte, pero si quiere, puede hacerlo".

"¿Tú puedes?", preguntó alguien.

"Sí", contestó Hoshin. "Les mostraré lo que puedo hacer dentro de siete días".

Ninguno de los discípulos le creyó, y la mayoría había incluso olvidado la conversación cuando Hoshin volvió a reunirlos.

"Hace siete días", señaló, "dije que iba a dejarlos. Es costumbre escribir un poema de despedida, pero no soy ni poeta ni calígrafo. Que uno de ustedes escriba mis últimas palabras".

Sus seguidores pensaron que estaba bromeando, pero uno de ellos empezó escribir.

"¿Estás listo?", preguntó Hoshin.

"Sí, señor", contestó el escribano.

Entonces Hoshin dictó:

Vine del resplandor
y regreso al resplandor.
¿Qué es esto?

Al poema le faltaba una línea de las cuatro acostumbradas, así que el discípulo dijo: "Maestro, nos falta una línea".

Hoshin, con el rugido de un león vencedor, gritó "¡Kaa!" y expiró.

11 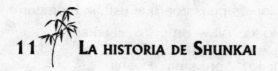 La historia de Shunkai

La exquisita Shunkai, cuyo otro nombre era Suzu, fue obligada a casarse contra su voluntad cuando era muy joven. Después, cuando este matrimonio se acabó, asistió a la universidad, donde estudió filosofía.

Ver a Shunkai era enamorarse de ella. Además, a dondequiera que fuera ella también se enamoraba. El amor estuvo con ella en la universidad y después, cuando la filosofía no la satisfizo y visitó un templo para estudiar Zen, los estudiantes de Zen se enamoraron de ella. Toda la vida de Shunkai estaba saturada de amor.

Al fin en Kioto se convirtió en una verdadera estudiante de Zen. Sus hermanos del templo de Kennin alababan su sinceridad. Uno de ellos demostró ser un espíritu afín y la ayudó en el dominio del Zen.

El abad de Kennin, Mokurai, "Trueno silencioso", era severo. Cumplía los preceptos y esperaba que sus sacerdotes lo hicieran. En el Japón moderno, todo el celo que los sacerdotes han perdido en el budismo parecen haberlo ganado en la consecución de esposas. Mokurai solía tomar una escoba y echar a las mujeres cuando las encontraba en sus templos, pero cuantas más espantaba, más parecían regresar.

En este templo en particular la esposa del sacerdote principal se puso celosa por el ahínco y la belleza de Shunkai. Oír a los estudiantes ensalzar la seriedad de su práctica hacía retorcerse a esta mujer y le producía escozor. Finalmente difundió un rumor sobre Shunkai y su joven amigo. A causa de esto a él lo expulsaron y a Shunkai la trasladaron del templo.

"Puedo haber cometido la falta del amor", pensó Shunkai, "pero la esposa del sacerdote no se quedará tampoco en el templo si mi amigo va a ser tratado tan injustamente".

La misma noche Shunkai prendió fuego con una lata de queroseno al templo de quinientos años de antigüedad y lo quemó. Por la mañana se encontraba en manos de la policía.

Un joven abogado se interesó en ella y se propuso hacer su sentencia más suave. "No me ayude", le dijo ella. "Podría decidir hacer otra cosa que me encarcelara de nuevo".

Al fin cumplió una sentencia de siete años y fue liberada de la prisión, cuyo guardián de sesenta años también se había enamorado de ella.

Pero ahora todos la consideraban una presidiaria. Nadie quería tener relación con ella. Incluso la gente del Zen, que se supone que creen en la iluminación en esta vida y con este cuerpo, la esquivaban. El Zen, según descubrió Shunkai, era una cosa, y sus seguidores, otra muy diferente. Sus parientes no querían tener nada que ver con ella. Se volvió pobre, enferma y débil.

Conoció a un sacerdote que le enseñó el nombre del Buda del Amor y en esto Shunkai encontró algo de solaz y paz de espíritu. Murió cuando aún era exquisitamente bella y apenas tenía treinta años.

Escribió su historia en un esfuerzo vano por ganarse la vida y le contó parte de ella a una escritora. Así llegó a ser conocida en Japón. Los que rechazaron a Shunkai, los que la calumniaron y la odiaron, ahora leen su vida con lágrimas de remordimiento.

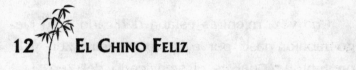

12 EL CHINO FELIZ

CUALQUIERA QUE SE PASEE por los barrios chinos de Estados Unidos puede observar estatuas de un tipo fornido que lleva un saco de tela. Los comerciantes chinos lo llaman "el chino feliz" o "el buda sonriente".

Este hombre, Hotei, vivió durante la dinastía T´ang. No tenía ningún deseo de llamarse maestro Zen o de reunir muchos discípulos a su alrededor. En cambio recorría las calles con un gran costal en el que llevaba regalos o dulces, fruta o rosquillas. Les daba estas cosas a los niños que se agrupaban jugando en torno a él. Estableció un jardín infantil callejero.

Siempre que encontraba a un devoto del Zen, alargaba la mano diciendo: "Dame una moneda". Y si alguno le pedía que regresara a un templo a enseñar, también le contestaba: "Dame una moneda".

Una vez, mientras estaba dedicado a su juego-trabajo, pasó por allí otro maestro Zen y le preguntó: "¿Cuál es el significado del Zen?"

Hotei, como respuesta, dejó caer su costal al suelo sin decir nada.

"Entonces", preguntó el otro, "¿cuál es la realización del Zen?"

Inmediatamente el Chino Feliz se echó el saco al hombro y continuó su camino.

13 UN BUDA

EN TOKIO, EN LA ERA MEIJI, vivían dos maestros eminentes de características opuestas. Uno, Unsho, instructor de Shingon*, seguía los preceptos de Buda escrupulosamente. Nunca tomaba licor ni comía nada después de las once de la mañana. El otro, Tanzan, profesor de filosofía de la Universidad Imperial, nunca observaba los preceptos. Cuando tenía ganas de comer, comía, y cuando le apetecía dormir durante el día, lo hacía.

Un día Unsho visitó a Tanzan, que en el momento estaba tomando vino, bebida que supuestamente no debe tocar la lengua de un budista.

"Hola, hermano", le saludó Tanzan. "¿Te tomas un trago?"

---

* *Shingon*: secta del budismo que floreció en Japón entre los siglos VIII y XII. Fue introducida por Kobo Daishi. [*N. de la Trad.*]

"¡Nunca tomo!", exclamó Unsho solemnemente.

"El que no toma ni siquiera es humano", dijo Tanzan.

"¿Pretendes llamarme inhumano sólo porque no me entrego al alcohol?", exclamó Unsho enfurecido. "Entonces, si no soy humano, ¿qué soy?"

"Un Buda", contestó Tanzan.

14 UN CAMINO EMBARRADO

TANZAN Y EKIDO IBAN un día por un camino embarrado. Caía una fuerte lluvia.

Al llegar a un recodo, se encontraron a una joven encantadora con kimono y faja de seda, que no podía atravesar el cruce.

"Vamos, muchacha", dijo Tanzan enseguida, y alzándola en brazos la pasó.

Ekido no volvió a hablar hasta la noche, cuando llegaron a alojarse en un templo. Entonces, no pudo contenerse más. "Nosotros, los monjes, no debemos acercarnos a las mujeres", le dijo a Tanzan, "especialmente a las jóvenes y bonitas. Es peligroso. Por qué hizo usted eso?"

"Yo dejé a la chica allá atrás", dijo Tanzan. "¿Usted todavía la está cargando?"

15 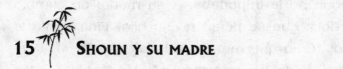 SHOUN Y SU MADRE

SHOUN SE HIZO MAESTRO de Zen Soto*. Cuando todavía era estudiante, su padre murió, dejándolo a cargo de su anciana madre.

Siempre que Shoun iba a un lugar de meditación, llevaba a su madre con él. Puesto que ella siempre lo acompañaba, cuando visitaba monasterios no podía vivir con los monjes, así que

---

* *Zen Soto:* una de las cinco escuelas tradicionales del budismo Zen, fundada por el maestro Tozan (807-869). Junto con el Zen Rinzai, el Zen Soto perdura hasta hoy, con una amplia difusión. *[N. de la Trad.]*

tenía que construir una casita y cuidarla en ella. Se dedicaba a escribir sutras, versos budistas, y de esa forma recibía unas monedas para la comida.

Cuando Shoun compraba pescado para su madre, la gente se burlaba de él porque se supone que un monje no debe comer pescado. Pero a Shoun no le importaba. A su madre en cambio le dolía que se rieran de su hijo. Finalmente le dijo: "Creo que me voy a hacer monja. Yo también puedo ser vegetariana". Así lo hizo, y los dos estudiaron juntos.

Shoun era aficionado a la música y un maestro del arpa, instrumento que su madre también tocaba. En las noches de luna llena solían tocar juntos.

Una noche una joven pasó por su casa y oyó música. Profundamente conmovida, invitó a Shoun a visitarla la noche siguiente y a tocar. Algunos días después se encontró a la joven en la calle y le dio las gracias por su hospitalidad. Se rieron de él. Había visitado la casa de una mujer de la calle.

Un día Shoun partió hacia un templo lejano a dar una conferencia. Unos meses más tarde volvió a su casa y encontró a su madre muerta. Los amigos no habían podido avisarle y se estaba celebrando el funeral en ese momento.

Shoun se acercó y golpeó el ataúd con su bastón. "Madre, tu hijo ha vuelto", dijo.

"Me alegro de que hayas vuelto, hijo", contestó por su madre.

"Sí, yo también me alegro", respondió Shoun. Entonces le dijo a la gente que lo rodeaba: "El funeral se acabó. Pueden enterrar el cuerpo".

Cuando Shoun era viejo supo que su fin se acercaba. Pidió a sus discípulos que se reunieran en torno a él por la mañana, diciéndoles que iba a morir al mediodía. Quemando incienso ante el retrato de su madre y su viejo maestro, escribió un poema:

> *Durante sesenta y seis años viví lo mejor que pude, haciendo mi camino en este mundo.*

Ahora, la lluvia ha cesado, las nubes se aclaran,

el cielo azul tiene una luna llena.

Sus discípulos se congregaron a su lado recitando un sutra y Shoun expiró durante la invocación.

16 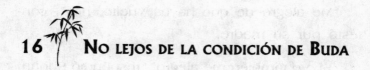 No lejos de la condición de Buda

UN ESTUDIANTE UNIVERSITARIO que visitaba a Gasan le preguntó: "¿Ha leído usted la Biblia cristiana?"

"No, léamela", dijo Gasan.

El estudiante abrió la Biblia y leyó, de San Mateo: "Y por el vestido, ¿por qué os afanáis? Considerad los lirios del campo, cómo crecen. No trabajan ni hilan, pero os digo que ni aun Salomón con toda su gloria se vistió como uno de ellos... No os afanéis por el día de mañana, porque el día de mañana traerá su afán".

Gasan dijo: "Considero que quien haya pronunciado esas palabras es un hombre iluminado".

El estudiante continuó leyendo: "Pedid y se os dará, buscad y hallaréis, llamad y se os abrirá. Porque todo el que pide recibe y el que busca halla; y al que llama, se le abrirá".

Gasan observó: "Esto es excelente. Quien haya dicho eso no está lejos de la condición de Buda".

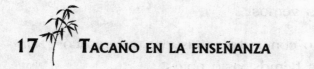

17 TACAÑO EN LA ENSEÑANZA

UN JOVEN MÉDICO DE TOKYO llamado Kusuda se encontró con un amigo de la universidad que había estado estudiando Zen. El joven doctor le preguntó qué era el Zen.

"No puedo decirte lo que es", respondió el amigo. "Pero una cosa es cierta. Si entiendes el Zen, no tendrás miedo de morir".

"¡Eso está bien!", dijo Kusuda. "Lo intentaré. ¿Dónde puedo encontrar un maestro?"

"Ve donde el maestro Nan-in", le dijo el amigo.

Así que Kusuda fue a visitar a Nan-in. Llevaba un puñal de nueve pulgadas y media para determinar si el mismo maestro tenía miedo a la muerte o no.

Cuando Nan-in vio a Kusuda exclamó: "Hola, amigo. ¿Cómo estás? ¡Hace mucho tiempo que no nos vemos!"

Esto confundió a Kusuda, que replicó: "Nunca nos hemos visto antes".

"Es verdad", contestó Nan-in. "Lo confundí con otro médico que recibe instrucción aquí".

Con tal comienzo, Kusuda perdió la oportunidad de probar al maestro, así que a regañadientes preguntó si podía recibir instrucción en el Zen.

Nan-in dijo: "El Zen no es difícil. Si usted es médico, trate a sus pacientes con benevolencia. Eso es el Zen".

Kusuda visitó a Nan-in tres veces. Cada vez, Nan-in le dijo lo mismo: "Un médico no debería perder tiempo por aquí. Vaya a su casa a cuidar a sus pacientes".

Todavía no estaba claro para Kusuda cómo tal enseñanza podía quitar el miedo a la muerte. Así que en su cuarta visita se quejó: "Mi amigo me dijo que cuando uno aprende Zen pierde el miedo a la muerte. Cada vez que vengo aquí todo lo que usted me dice es que cuide a mis pacientes. Eso lo sé muy bien. Si ése es su supuesto Zen, no voy a volver a visitarlo".

Nan-in sonrió y le dio unas palmaditas. "He sido demasiado estricto con usted. Permítame darle un koan*". Para que trabajara en él, le dio el koan *Mu,* de Joshu, que es el primer problema de iluminación de la mente contenido en el libro llamado *La puerta sin puertas.*

---

* *Koan:* problema paradójico presentado por el maestro a sus discípulos para detener los devaneos de la mente y la palabrería. Un koan no puede ser comprendido meramente por medios racionales. *[N. de la Trad.]*

Kusuda consideró este problema de Mu (la nada) durante dos años. Al fin creyó que había alcanzado la certeza de la mente. Pero su maestro dijo: "No estás en ella todavía".

Kusuda siguió en concentración durante otro año y medio. Su mente se volvió tranquila. Los problemas se disolvieron. La nada se convirtió en la verdad. Servía bien a sus pacientes y, sin saberlo, estaba libre de preocupación por la vida y la muerte.

Entonces, cuando visitó a Nan-in, su viejo maestro solamente sonrió.

18 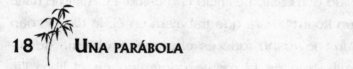 UNA PARÁBOLA

BUDA CONTÓ una parábola en un sutra:

Un hombre que atravesaba un campo encontró un tigre. Huyó, seguido por el animal. Al llegar a un precipicio se aferró a la raíz de una vid silvestre y se descolgó por el borde. El tigre lo olfateó desde arriba. Temblando, el hombre miró hacia abajo, donde, al fondo, otro tigre estaba esperando para comérselo. Sólo la vid lo sostenía.

Dos ratones, uno blanco y otro negro, empezaron a roer la vid poco a poco. El hombre vio una fresa deliciosa cerca de él. Agarrándose de la vid con una mano, arrancó la fresa con la otra. ¡Qué dulce le supo!

19  EL PRIMER PRINCIPIO

CUANDO UNO VA al templo de Obaku*, en Kyoto, puede ver grabadas sobre la puerta las palabras "El primer principio". Las letras son inusualmente grandes y los que aprecian la caligrafía las admiran como una obra maestra. Fueron dibujadas por Kosen hace doscientos años.

---

* *Obaku*: famoso maestro Zen del siglo IX. *[N. de la Trad.]*

Cuando el maestro las dibujó, lo hizo en papel; a partir de ese modelo, los trabajadores hicieron la talla mayor en madera. Mientras Kosen bosquejaba las letras, estaba con él un discípulo atrevido que había preparado varios galones de tinta para la caligrafía y que nunca dejaba de criticar el trabajo de su maestro.

"Eso no está bien", le dijo a Kosen después del primer intento.

"¿Cómo está éste?"

"Pobre, peor que antes", dijo el discípulo.

Kosen escribió pacientemente una hoja tras otra, hasta que se acumularon ochenta y cuatro *primeros principios,* aún sin la aprobación del discípulo.

Entonces, cuando el joven salió durante unos minutos, Kosen pensó: "Ahora es mi oportunidad de escapar a su ojo inquisidor", y escribió apresuradamente, con una mente libre de distracción: "El primer principio".

"Una obra maestra", exclamó el discípulo.

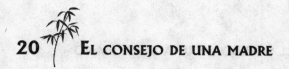

20 EL CONSEJO DE UNA MADRE

JIUN, UN MAESTRO DE SHINGON, fue un reconocido estudioso del sánscrito de la era Tokugawa. Cuando era joven solía dar conferencias a sus compañeros de estudio.

Su madre se enteró de esto y le escribió una carta:

"Hijo, no creo que te hicieras devoto de Buda porque quisieras volverte un diccionario ambulante para los demás. La información y los comentarios, la gloria y el honor no tienen fin. Ojalá dejes este asunto de las conferencias. Enciérrate en un pequeño templo, en un lugar remoto de la montaña. Dedica tu tiempo a la meditación y de este modo alcanza la verdadera realización".

21 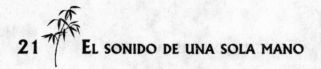 EL SONIDO DE UNA SOLA MANO

EL MAESTRO DEL TEMPLO de Kennin era Mokurai, "Trueno silencioso". Tenía un pequeño protegido llamado Toyo, de sólo doce años. Toyo veía a los discípulos mayores visitar la habitación del maestro todas las mañanas y las noches para recibir instrucciones de *sanzen*, o dirección personal, en la cual les daban koanes para detener el vagabundeo de la mente.

Toyo también quería hacer sanzen.

"Espera un poco", le decía Mokurai. "Eres demasiado joven".

Pero el niño insistía, así que el maestro finalmente aceptó.

Por la noche el pequeño Toyo llegó en el momento adecuado al umbral del cuarto de sanzen de Mokurai. Golpeó el gong para anunciar su presencia, se inclinó respetuosamente tres veces y fue a sentarse ante el maestro en silencio.

"Puedes oír el sonido de dos manos cuando aplauden", dijo Mokurai. "Ahora muéstrame el sonido de una sola mano".

Toyo se inclinó y fue a su cuarto a considerar este problema. Desde su ventana podía oír la música de las geishas. "¡Ah, ya lo tengo!", declaró.

La noche siguiente, cuando su maestro le pidió que ilustrara el sonido de una sola mano, Toyo empezó a tocar la música de las geishas.

"No, no", dijo Mokurai. "No está bien. Éste no es el sonido de una sola mano. No lo has captado en absoluto".

Pensando que esta música podía perturbarlo, Toyo trasladó su morada a un sitio tranquilo. Meditó de nuevo. "¿Qué puede ser el sonido de una sola mano?" Oyó por casualidad agua que goteaba. "Lo tengo", se dijo Toyo.

Cuando apareció la vez siguiente ante su maestro, Toyo imitó el agua que goteaba.

"¿Qué es esto?", le preguntó Mokurai. "Éste

es el sonido de agua que gotea, pero no el sonido de una sola mano. Inténtalo de nuevo".

Toyo meditaba en vano para oír el sonido de una sola mano. Oyó el sonido del viento. Pero el sonido fue rechazado.

Oyó el grito de un búho. Pero tampoco esto fue aceptado.

El sonido de una sola mano tampoco era el de la langosta.

Toyo visitó a Mokurai más de diez veces con diferentes sonidos. Todos eran erróneos. Durante casi un año se preguntó cuál podría ser el sonido de una sola mano.

Al fin el pequeño Toyo entró en verdadera meditación y trascendió todos los sonidos. "No pude encontrar más", explicaba después, "así que alcancé el sonido silencioso".

Toyo había comprendido el sonido de una sola mano.

22 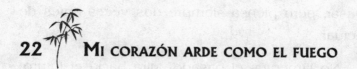 MI CORAZÓN ARDE COMO EL FUEGO

SOYEN SHAKU, el primer maestro Zen que vino a América, decía: "Mi corazón arde como el fuego, pero mis ojos son tan fríos como las cenizas apagadas". Hizo las siguientes reglas, que practicó toda su vida.

▲

Por la mañana, antes de vestirte, enciende incienso y medita.

Acuéstate a una hora regular. Come a intervalos regulares. Come con moderación y nunca hasta el hartazgo.

Recibe a los huéspedes con la misma actitud que tienes cuando estás solo. Cuando estés solo, mantén la misma actitud que tienes cuando recibes huéspedes.

Cuida lo que dices y, sea lo que sea, practícalo.

Cuando surja una oportunidad, no la dejes

pasar, pero piensa siempre dos veces antes de actuar.

No lamentes el pasado. Mira hacia el futuro.

Ten la actitud valerosa de un héroe y el corazón amoroso de un niño.

Cuando te acuestes, duerme como si ése fuera tu último sueño. Cuando te despiertes, deja la cama inmediatamente, como si hubieras botado un par de zapatos viejos.

23 LA PARTIDA DE ESHUN

CUANDO ESHUN, la monja Zen, tenía más de sesenta años y estaba a punto de dejar este mundo, les pidió a unos monjes que apilaran leña en el jardín.

Asentada firmemente en el centro de la pira funeraria, mandó que le prendieran fuego a las esquinas.

"¡Monja!", gritó un monje, "¿hace calor ahí?"

"Ese asunto sólo puede preocuparle a un estúpido como usted", contestó Eshun.

Se levantaron las llamas y Eshun expiró.

24 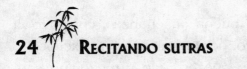 RECITANDO SUTRAS

UN CAMPESINO PIDIÓ a un sacerdote de Tendai* que recitara sutras para su esposa, que había muerto. Cuando acabó la recitación, preguntó: "¿Cree usted que mi esposa obtendrá mérito por esto?"

"No sólo su esposa sino todos los seres sensibles se beneficiarán de la recitación de los sutras", respondió el sacerdote.

"Si dice que todos los seres sensibles se beneficiarán", dijo el campesino, "mi esposa puede

---

* *Tendai*: secta budista japonesa fundada en el año 807 por Dengyo Daishi. [*N. de la Trad.*]

que esté muy débil y otros tomarán ventaja de ella, obteniendo el beneficio que ella hubiera tenido. Así que, por favor, recite sutras sólo para ella".

El sacerdote explicó que el deseo de un budista era ofrecer bendiciones y desear mérito a todos los seres vivos.

"Ésa es una buena enseñanza", concluyó el campesino, "pero, por favor, haga una excepción. Tengo un vecino que es rudo y mezquino conmigo. Exclúyalo de todos esos seres sensibles".

25  TRES DÍAS MÁS

SUIWO, EL DISCÍPULO DE HAKUIN, era un buen maestro. Durante un retiro de verano vino a él un alumno de una isla del sur de Japón.

Suiwo le dio el problema: "Escucha el sonido de una sola mano".

El alumno se quedó tres años, pero no pudo

pasar esta prueba. Una noche llegó llorando. "Tengo que volver al sur avergonzado y turbado", dijo, "porque no puedo resolver mi problema".

"Espera una semana más y medita constantemente", aconsejó Suiwo. No obstante, la iluminación no le llegaba. "Intenta otra semana", dijo Suiwo. El alumno obedeció, pero en vano.

"Otra semana más". Sin embargo, esto no sirvió de nada. Desesperado, el estudiante pidió ser liberado, pero Suiwo pidió otra meditación de cinco días. No hubo resultado. Entonces dijo: "Medita tres días más; y si no llega la iluminación, mejor sería que te mataras".

El segundo día el alumno se iluminó.

26 UN DIÁLOGO PARA NEGOCIAR ALOJAMIENTO

CUALQUIER MONJE ERRANTE puede permanecer en un templo Zen con la condición de que sostenga y gane una discusión sobre budismo con los que viven en él. Si es derrotado, tiene que seguir caminando.

En un templo en el norte del Japón estaban viviendo dos monjes hermanos. El mayor era culto, pero el menor era estúpido y no tenía más que un ojo.

Llegó un monje errante y pidió alojamiento, retándolos en la forma adecuada a un debate sobre la enseñanza sublime. El hermano mayor, cansado ese día por el exceso de estudio, le pidió al joven que tomara su lugar. "Ve y pide que el diálogo sea en silencio", advirtió.

Así que el monje joven y el extranjero fueron al santuario y se sentaron.

Poco después el viajero se levantó, fue ante el hermano mayor y le dijo: "Su joven hermano es un tipo maravilloso. Me derrotó".

"Reláteme el diálogo", dijo el mayor.

"Bueno", explicó el viajero, "primero levanté un dedo, representando a Buda, el iluminado. Así que él levantó dos, que significaban Buda y su enseñanza. Levanté tres dedos, que representaban a Buda, su doctrina y sus seguidores, viviendo una vida armoniosa. Entonces él agitó su puño cerrado ante mi cara, indicando que los tres vienen de una sola realización. Así ganó y yo no tengo derecho a quedarme aquí". Diciendo esto, el viajero se fue.

Luego entró corriendo el hermano joven y preguntó, "¿dónde está ese tipo?"

"Entiendo que ganaste el debate", dijo el mayor.

"No gané nada. Voy a darle una paliza".

"Dime el tema del debate", preguntó el mayor.

"Bueno, en cuanto me vio levantó un dedo, insultándome al insinuar que tengo sólo un ojo. Puesto que era un extraño pensé que debía ser cortés con él, así que levanté dos dedos, felicitándolo por tener dos. Entonces el descortés canalla levantó tres dedos, sugiriendo que entre los dos no teníamos más que tres ojos. ¡Así que me enfadé y me levanté para darle un puñetazo, pero salió corriendo y ahí acabó todo!"

27 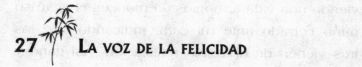 LA VOZ DE LA FELICIDAD

DESPUÉS DE LA MUERTE DE BANKEI, un ciego que vivía cerca del templo del maestro le contó a un amigo: "Desde que soy ciego no puedo ver la cara de las personas, así que tengo que juzgar su carácter por el sonido de su voz. Generalmente, cuando oigo a alguien felicitar a otro por su felicidad o por su éxito, oigo también un tono secreto de envidia. Cuando se expresa condolencia por la desgracia de otro, oigo placer y satisfacción, como si el que expresa la condolencia estuviera en realidad contento de que su vida fuera mejor. Sin embargo, por lo que conozco la voz de Bankei fue siempre sincera. Siempre que expresaba felicidad no oí sino felicidad, y cuando expresaba tristeza, tristeza fue todo lo que oí".

28 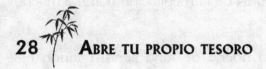 ABRE TU PROPIO TESORO

DAIJU VISITÓ A BASO en China. Baso preguntó: "¿Qué buscas?"

"La iluminación", replicó Daiju.

"Tienes tu propio tesoro. ¿Por qué lo buscas fuera?", preguntó Baso.

"¿Dónde está mi tesoro?", inquirió Daiju.

"Lo que estás buscando es tu tesoro", dijo Baso.

¡Daiju se iluminó! Desde entonces instaba siempre a sus amigos: "Abre tu propio tesoro y usa esas riquezas".

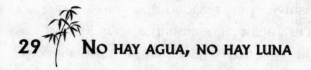

29 NO HAY AGUA, NO HAY LUNA

CUANDO LA MONJA CHIYONO estudiaba Zen bajo la dirección de Bukko de Engaku, no pudo alcanzar los frutos de la meditación durante mucho tiempo.

Al fin, una noche de luna llena, cuando estaba cargando agua en un viejo balde amarrado con bambú, el bambú se rompió y el balde se desfondó. ¡En ese momento Chiyono se liberó!

En conmemoración escribió un poema:

> De este modo y de aquel traté de guardar el viejo balde,
> pues la cuerda estaba débil y a punto de romperse
> hasta que al fin se desfondó.
> ¡Ya no hay agua en el balde!
> ¡Ya no hay luna en el agua!

30 TARJETA DE VISITA

KEICHU, EL GRAN MAESTRO ZEN de la era Meiji, era el superior de Tofuku, una catedral de Kyoto. Un día el gobernador de Kyoto fue a visitarlo por primera vez.

Su ayudante presentó la tarjeta del gobernador, que decía: Kitagaki, Gobernador de Kyoto.

"No tengo nada que ver con tal individuo", dijo Keichu a su ayudante. "Dile que se vaya de aquí".

El ayudante devolvió la tarjeta con excusas. "Fue error mío", dijo el gobernador, y con un lápiz tachó las palabras *Gobernador de Kyoto*. "Pregunta a tu maestro de nuevo".

"Oh, ¿es Kitagaki?", exclamó el maestro cuando vio la tarjeta. "Quiero ver a este hombre".

31 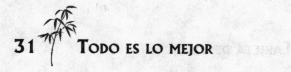 TODO ES LO MEJOR

CUANDO BANZAN IBA CAMINANDO por un mercado oyó por casualidad una conversación entre un carnicero y su cliente.

"Déme el mejor trozo de carne que tenga", decía el cliente.

"Todo en mi almacén es lo mejor", contestó el carnicero. "No puede usted encontrar aquí ni un solo pedazo de carne que no sea el mejor".

Al oír esas palabras, Banzan quedó iluminado.

32 UN MOMENTO, UNA GEMA

UN NOBLE PIDIÓ A TAKUAN, un maestro Zen, que le sugiriera cómo pasar el tiempo. Los días se le hacían muy largos asistiendo a su oficina y sentándose rígidamente a recibir el homenaje de los demás.

Takuan escribió ocho caracteres chinos y se los dio al hombre:

No hay repetición en el día,
un momento, una gema.

Este día no volverá.
Cada minuto es una gema invaluable.

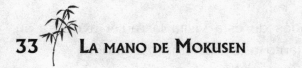

33 LA MANO DE MOKUSEN

MOKUSEN HIKI VIVÍA en un templo en la provincia de Tamba. Uno de sus seguidores se quejaba de la tacañería de su esposa.

Mokusen la visitó y le puso el puño cerrado ante la cara.

"¿Qué quiere decir con eso?", preguntó sorprendida la mujer.

"Suponga que mi puño estuviera siempre así. ¿Cómo lo llamaría?", preguntó.

"Deforme", replicó la mujer.

Entonces abrió la palma de la mano ante su cara y preguntó: "Suponga que estuviera siempre así. ¿Entonces qué?"

"Otro tipo de deformidad", dijo la mujer.

"Si entiende todo eso", concluyó Mokusen, "usted es una buena esposa". Y se fue.

Después de esta visita la mujer ayudó a su esposo tanto a gastar como a ahorrar.

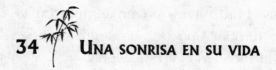

34 Una sonrisa en su vida

A Mokugen sólo se lo vio sonreír el día de su muerte. Cuando le llegó el momento de morir, les dijo a sus fieles: "Ustedes han estudiado bajo mi dirección por más de diez años.

Muéstrenme su interpretación real del Zen. Quien lo exprese más claramente será mi sucesor y recibirá mi manto y mi cuenco".

Todos miraron el rostro severo de Mokugen, pero nadie contestó.

Encho, un discípulo que había estado con el maestro durante mucho tiempo, se acercó a la cama. Acercó la taza de la medicina unos centímetros. Ésa fue su respuesta a la orden.

La cara del maestro se volvió aún más severa. "¿Eso es todo lo que entiendes?", preguntó.

Encho estiró la mano y movió la taza de nuevo hacia atrás.

Una hermosa sonrisa iluminó los rasgos de Mokugen. "Bribón", le dijo a Encho. "Has trabajado conmigo diez años y todavía no has visto todo mi cuerpo. Toma el manto y el cuenco. Te pertenecen".

35 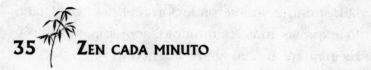 ZEN CADA MINUTO

LOS ESTUDIANTES DE ZEN están con sus maestros al menos diez años antes de pretender enseñar a otros. Nan-in recibió la visita de Tenno, quien después de pasar su aprendizaje se había convertido en maestro. El día estaba lluvioso, así que Tenno llevaba zuecos y sombrilla. Después de saludarlo, Nan-in dijo: "Supongo que dejaste tus zuecos en el vestíbulo. Dime si la sombrilla está a la derecha o a la izquierda de ellos".

Tenno, confundido, no pudo dar una respuesta inmediata. Se dio cuenta de que no podía practicar el Zen cada minuto. Se convirtió en el discípulo de Nan-in, y estudió otros seis años más para lograrlo.

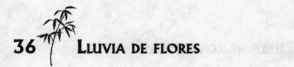
SUBHUTI ERA DISCÍPULO DE BUDA. Podía comprender el poder de la vacuidad, el punto de vista de que nada existe excepto en su relación entre lo subjetivo y lo objetivo.

Un día Subhuti estaba sentado bajo un árbol, en un estado de ánimo de sublime vacuidad. Empezaron a caer flores a su alrededor.

"Estamos alabándote por tu discurso sobre la vacuidad", le susurraron los dioses.

"Pero no he hablado de la vacuidad", dijo Subhuti.

"Tú no has hablado de la vacuidad, nosotros no hemos oído la vacuidad", contestaron los dioses. "Ésa es la verdadera vacuidad". Y las flores cayeron sobre Subhuti como lluvia.

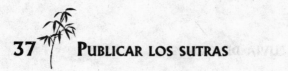

37 PUBLICAR LOS SUTRAS

TETSUGEN, UN DEVOTO SEGUIDOR del Zen en Japón, decidió publicar los sutras, que en esa época sólo estaban disponibles en chino. Los libros iban a imprimirse con planchas de madera en una edición de siete mil copias, una empresa gigantesca.

Tetsugen comenzó por viajar y recolectar donaciones para este propósito. Unos pocos simpatizantes le dieron cien piezas de oro, pero casi siempre recibía sólo monedas pequeñas. Le daba las gracias a cada donante con la misma gratitud. Después de diez años, Tetsugen tuvo suficiente dinero para comenzar su tarea.

Pero sucedió que en esa época el río Uji se desbordó y hubo una hambruna. Entonces Tetsugen tomó los fondos que había recogido para los libros y los gastó salvando a la gente del hambre. Luego comenzó de nuevo su colecta.

Varios años después se extendió una epidemia por el país. Tetsugen dio de nuevo lo que había recogido para ayudar a su gente.

Por tercera vez empezó su trabajo y veinte años después su deseo se cumplió. Las planchas de impresión que produjeron la primera edición de los sutras pueden verse hoy día en el monasterio de Obaku, en Kioto.

Los japoneses cuentan a sus hijos que Tetsugen hizo tres series de sutras y que las dos primeras, las invisibles, superan a la última.

38 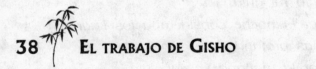 EL TRABAJO DE GISHO

GISHO FUE ORDENADA MONJA cuando tenía diez años. Recibió enseñanza en la forma en que la recibían los niños. Cuando cumplió diez y seis años, viajó de un maestro Zen a otro estudiando con todos.

Permaneció tres años con Unzan, seis con Gukei, pero no pudo alcanzar la visión clara. Al fin llegó donde el maestro Inzan.

Inzan no le demostró ningún tipo de distinción en consideración a su sexo. La regañaba como un trueno, le pegaba para despertar su naturaleza interior.

Gisho permaneció con Inzan trece años y al fin encontró lo que buscaba.

En su honor, Inzan escribió un poema:

Esta monja estudió trece años
bajo mi guía.
Por la noche consideraba los koanes
más profundos,
por la mañana se envolvía
en otros koanes.
La monja china Tetsuma superó
a todas las anteriores,
y desde Mujaku ninguna ha sido
tan auténtica como Gisho.
Aun así hay muchas puertas todavía
que debe atravesar.

Aún debe recibir más golpes
de mi puño de hierro.

Después de ser iluminada Gisho fue a la provincia de Banshu, inauguró su propio templo Zen y enseñó a otras doscientas monjas hasta que murió, un año en el mes de agosto.

39 DORMIR DE DÍA

EL MAESTRO SOYEN SHAKU se fue de este mundo cuando tenía sesenta y un años. Cumpliendo la misión de su vida, dejó una gran enseñanza, mucho más rica que la de la mayoría de los maestros Zen. Sus discípulos solían dormir de día en pleno verano y, mientras pasaba esto por alto, él nunca desperdiciaba un minuto.

Cuando tenía unos doce años ya estudiaba la especulación filosófica de Tendai. Un día de verano, el aire había estado tan bochornoso que el pequeño Soyen se quedó dormido mientras su maestro estaba fuera.

Tres horas después, al despertar de repente, oyó que su maestro entraba, pero era demasiado tarde. Ahí estaba extendido, atravesado en el umbral.

"Perdón, perdón", susurró su maestro, pasando cuidadosamente por encima del cuerpo de Soyen, como si fuera un huésped distinguido. Después de eso, Soyen nunca más volvió a dormir la siesta.

40 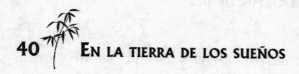 EN LA TIERRA DE LOS SUEÑOS

"NUESTRO MAESTRO DE ESCUELA solía dormir siesta todas las tardes", contaba un discípulo de Soyen Shaku. "Los niños le preguntábamos por qué lo hacía y él nos decía: 'Voy a la tierra de los sueños a encontrarme con los sabios antiguos, como hizo Confucio'. Cuando Confucio dormía, soñaba con los sabios antiguos y después les hablaba a sus seguidores sobre ellos.

"Un día hacía demasiado calor, así que algunos hicimos siesta. Nuestro maestro nos regañó. 'Fuimos a la tierra de los sueños a encontrarnos con los sabios antiguos, como hizo Confucio', le explicamos. '¿Cuál fue su mensaje?', preguntó nuestro maestro. Uno de nosotros contestó: 'Fuimos a la tierra de los sueños y nos encontramos con los sabios y les preguntamos si nuestro profesor iba allá todas las tardes, pero dijeron que nunca habían visto a tal individuo'".

41 EL ZEN DE JOSHU

JOSHU EMPEZÓ A ESTUDIAR el Zen cuando tenía sesenta años y continuó hasta los ochenta, cuando lo hizo suyo.

Enseñó desde la edad de ochenta años hasta los ciento veinte.

Un estudiante le preguntó una vez: "Si no tengo nada en la mente ¿qué debo hacer?"

Joshu replicó: "Bótalo".

"Pero si no tengo nada ¿cómo puedo botarlo?", siguió preguntando.

"Bien", dijo Joshu, "entonces hazlo realidad".

42 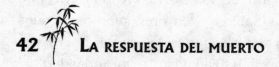 LA RESPUESTA DEL MUERTO

CUANDO MAMIYA, que después se volvió un predicador famoso, fue a ver a un maestro en busca de guía personal, el maestro le pidió que explicara el sonido de una sola mano.

Mamiya se dedicó a comprender qué podía ser el sonido de una sola mano. "No estás trabajando suficientemente", le dijo su maestro. "Estás demasiado apegado a la comida, la riqueza, las cosas y todo eso. Sería mejor que murieras. Eso resolvería el problema".

La siguiente vez que Mamiya apareció ante su maestro, le preguntó de nuevo qué tenía que mostrar respecto al sonido de una sola mano. Mamiya inmediatamente cayó al suelo como muerto.

"Bien, estás muerto", observó el maestro. "Pero ¿qué hay de ese sonido?"

"Todavía no he resuelto eso", replicó Mamiya mirándolo.

"Los muertos no hablan", dijo el maestro. "¡Sal de aquí!"

43 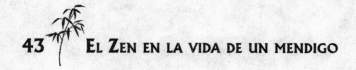 El Zen en la vida de un mendigo

Tosui fue un maestro Zen famoso en su tiempo. Había vivido en varios templos y enseñado en diferentes provincias.

El último templo que visitó congregó tantos seguidores que Tosui les dijo que iba a dejar de dar conferencias. Les aconsejó dispersarse e ir a donde quisieran. Poco después de eso nadie pudo encontrar rastro de él.

Tres años luego uno de sus discípulos lo encontró viviendo con unos mendigos bajo un puente en Kioto. Inmediatamente le imploró a Tosui que le enseñara.

"Si puedes hacer lo mismo que yo aunque sea un par de días, puede que sí", replicó Tosui.

Así que el antiguo discípulo se vistió de mendigo y pasó un día con Tosui. Al día siguiente murió uno de los mendigos. Tosui y su discípulo sacaron el cuerpo a medianoche y lo enterraron en una ladera. Después volvieron a su refugio.

Tosui durmió profundamente el resto de la noche, pero el discípulo no pudo dormir. Cuando amaneció, Tosui dijo: "No tenemos que mendigar comida hoy. Nuestro amigo muerto dejó algo ahí". Pero el discípulo fue incapaz de comer un solo bocado.

"Te dije que no podrías hacer lo mismo que yo", concluyó Tosui. "Sal de aquí y no vuelvas a molestarme".

44 EL LADRÓN QUE SE CONVIRTIÓ EN DISCÍPULO

UNA NOCHE, mientras Sichiri Kojun estaba recitando sutras, entró un ladrón con una afilada espada pidiendo su dinero o su vida.

Sichiri le dijo: "No me interrumpas. Puedes buscar el dinero en aquel cajón". Y continuó su recitación.

Al poco tiempo se detuvo y le dijo: "No lo tomes todo. Necesito algo para pagar los impuestos mañana".

El intruso recogió la mayor parte y trató de irse. "Da las gracias cuando recibas un regalo", añadió Sichiri. El hombre le dio las gracias y se fue.

Unos días después el tipo fue capturado y confesó, entre otros, el delito contra Sichiri. Cuando llamaron a Sichiri a testificar, dijo: "Este hombre no es ladrón, al menos por lo que yo sé. Le di el dinero y me dio las gracias".

Después de cumplir su condena, el hombre fue a donde Sichiri y se convirtió en su discípulo.

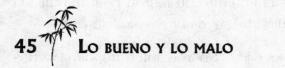

45 LO BUENO Y LO MALO

CUANDO BANKEI HACÍA sus retiros, asistían discípulos de muchas partes del Japón. Durante uno de ellos un discípulo fue sorprendido robando. Se informó el asunto a Bankei, con la petición de que el reo fuera expulsado. Bankei hizo caso omiso del asunto.

Más tarde el discípulo fue sorprendido en un acto similar y de nuevo Bankei pasó por alto el asunto. Esto indignó a los otros discípulos, que elevaron una petición para que el ladrón fuera despedido, afirmando que en caso contrario ellos se irían en bloque.

Cuando Bankei leyó la petición, los llamó a todos ante él. "Ustedes son hermanos sabios", les dijo. "Ustedes saben lo que es bueno y lo que no lo es. Pueden ir a estudiar a otra parte si quieren, pero este pobre hermano ni siquiera distingue lo bueno de lo malo. ¿Quién le va a enseñar si no lo hago yo? Voy a dejarlo aquí, incluso si todos ustedes se van".

Un torrente de lágrimas lavó la cara del hermano que había robado. Todo deseo de robar había desaparecido.

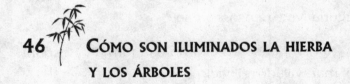

46 Cómo son iluminados la hierba y los árboles

Durante el período Kamakura, Shinkan estudió Tendai seis años y después estudió Zen por siete años; entonces fue a China y meditó Zen trece años más.

Cuando volvió al Japón, muchos querían entrevistarlo y le hacían preguntas oscuras. Sin embargo, cuando Shinkan recibía visitantes, lo cual ocurría con poca frecuencia, rara vez contestaba sus preguntas.

Un día un estudiante de cincuenta años le dijo: "He estudiado la escuela de pensamiento Tendai desde que era niño, pero hay algo que no puedo entender. Esta escuela afirma que incluso la hierba y los árboles serán iluminados. A mí esto me parece muy raro".

"¿Para qué sirve discutir cómo serán iluminados la hierba y los árboles?", preguntó Shinkan. "La pregunta es cómo puedes tú llegar a serlo. ¿Alguna vez pensaste eso?"

"Nunca pensé en ello de esa forma". Respondió maravillado el viejo.

"Entonces ve a casa y piénsalo bien", concluyó Shinkan.

47 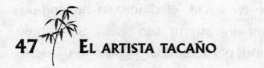 EL ARTISTA TACAÑO

GESSEN ERA un monje artista. Antes de empezar a dibujar o pintar, siempre insistía en que le pagaran por adelantado y sus honorarios eran altos. Se le conocía como el "Artista tacaño".

Una vez una geisha le hizo un encargo de un cuadro. "¿Cuánto puede usted pagar?", preguntó Gessen.

"Lo que usted pida", replicó la muchacha, "pero quiero que haga el trabajo delante de mí".

Así, cierto día la geisha llamó a Gessen, pues celebraba una fiesta para su protector.

Gessen hizo el cuadro, con bellas pinceladas. Cuando estuvo terminado, pidió la suma más alta de su tiempo.

Recibió su paga. Entonces la geisha se volvió a su protector diciendo: "Todo lo que este artista quiere es dinero. Sus cuadros son bellos, pero su mente es sucia; el dinero la ha enlodado. Trazado por una mente tan sucia, su trabajo no es adecuado para exhibirlo. Sólo es bueno para una de mis enaguas".

Quitándose la falda, pidió a Gessen que hiciera otra pintura en la parte de atrás de su enagua.

"¿Cuánto pagará?", preguntó Gessen.

"Oh, lo que sea", contestó la muchacha.

Gessen pidió una cantidad exagerada, hizo la pintura en la forma estipulada y se fue.

Después se supo que Gessen tenía estas razones para desear dinero:

La hambruna asolaba frecuentemente su provincia. Los ricos no querían ayudar a los pobres, así que Gessen tenía un depósito secreto, desconocido para todos, que mantenía lleno de grano, preparado para estas emergencias.

La carretera que comunicaba su pueblo con el Santuario Nacional estaba en muy mal estado y muchos viajeros sufrían recorriéndola. Quería hacer una mejor.

Su maestro había muerto sin realizar su deseo de construir un templo y Gessen quería hacerlo por él.

Después de lograr estos tres deseos Gessen botó sus pinceles y sus materiales de artista, se retiró a las montañas y no volvió a pintar.

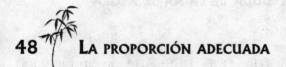

48 LA PROPORCIÓN ADECUADA

SEN NO RIKYU, un maestro de té, quería colgar un canasto de flores en una columna. Pidió a un carpintero que lo ayudara. Iba dándole instrucciones de que lo colocara un poco más alto o más bajo, a la derecha o a la izquierda, hasta que encontró el punto adecuado. "Ése es el lugar", dijo Sen no Rikyu finalmente.

Para probar al maestro, el carpintero marcó el punto y después hizo como si lo hubiera olvidado. "¿Era éste el lugar? ¿Era éste el lugar, quizás?", preguntaba una y otra vez, señalando diferentes puntos en la columna.

Pero el sentido de la proporción del maestro de té era tan exacto que sólo cuando el carpintero volvió a señalar el mismo punto, aceptó la ubicación.

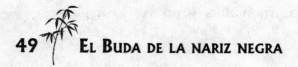

49 EL BUDA DE LA NARIZ NEGRA

UNA MONJA QUE BUSCABA la iluminación hizo una estatua de Buda y la cubrió con hojilla de oro. A dondequiera que fuera, llevaba este Buda dorado con ella.

Pasaron los años y, todavía con su Buda, la monja llegó a vivir a un pequeño templo donde había muchos otros, cada uno con su altar particular.

La monja quería quemar incienso ante su Buda dorado. Como no le gustaba la idea de que el perfume se desviara hacia los otros, se ingenió una chimenea a través de la cual el humo subiría solamente a su estatua. Esto ennegreció la

nariz del Buda dorado, volviéndolo especialmente feo.

50 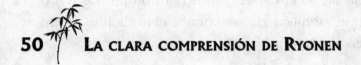 LA CLARA COMPRENSIÓN DE RYONEN

LA MONJA BUDISTA conocida como Ryonen
nació en 1797. Era nieta del famoso guerrero
japonés Shingen. Su genio poético y su belleza
seductora eran tales que a los diez y siete años
servía a la emperatriz como dama de la corte.
A tan temprana edad ya la esperaba la fama.

La amada emperatriz murió repentinamente
y los sueños de Ryonen se desvanecieron. Se
volvió consciente de la impermanencia de la vida
en este mundo. Fue entonces cuando quiso
estudiar Zen.

Sin embargo sus parientes no estaban de acuerdo y prácticamente la forzaron a casarse. Con la
promesa de que podría hacerse monja cuando
hubiera tenido tres hijos, Ryonen aceptó.

Antes de los veinticinco años había cumplido esta condición. Entonces su esposo y sus parientes ya no pudieron disuadirla de su deseo. Se afeitó la cabeza, tomó el nombre de Ryonen, que significa darse cuenta claramente, y empezó su peregrinaje.

Llegó a la ciudad de Edo y pidió a Tetsugyu que la aceptara como discípula. A primera vista el maestro la rechazó porque era demasiado bella.

Entonces Ryonen acudió al maestro Hakuo. Hakuo la rechazó por la misma razón, diciendo que su belleza sólo traería problemas.

Ryonen cogió un hierro caliente y se lo puso en la cara. En unos momentos su belleza se desvaneció para siempre.

Hakuo entonces la aceptó como discípula.

Conmemorando esta ocasión, Ryonen escribió un poema en la parte posterior de un espejo:

Al servicio de mi emperatriz, quemé incienso para perfumar mis exquisitos vestidos.

Ahora como una mendicante sin casa,
quemo mi cara para entrar en un templo
Zen.

Cuando Ryonen estaba apunto de dejar este mundo, escribió otro poema:

Sesenta y tres veces han visto estos
ojos el cambiante otoño.

He hablado bastante del claro de luna,
no preguntes más.

Escucha tan sólo la voz de los pinos
y los cedros cuando no se mueve el viento.

51 MISO ÁCIDO

EL MONJE COCINERO DAIRYO, en el monasterio de Bankei, decidió que iba a cuidar de la salud de su viejo maestro dándole sólo miso fresco; el miso es una pasta de fríjol de soya mezclado con trigo y levadura, que se fermenta fácilmente. Al darse cuenta de que le servían mejor miso que a sus discípulos, Bankei preguntó: "¿Quién es el cocinero hoy?"

Dairyo fue llevado ante él. Le explicó a Bankei que de acuerdo con su edad y rango él debería comer sólo miso fresco. Entonces Bankei dijo: "De manera que crees que no debería comer nada". Diciendo esto entró en su cuarto y cerró la puerta con llave.

Dairyo, sentado junto a la puerta, le pidió perdón a su maestro, pero Bankei no contestaba. Durante siete días Dairyo permaneció sentado afuera y Bankei adentro.

Finalmente, desesperado, un discípulo gritó a Bankei: "Usted puede tener razón, viejo maestro, pero este joven discípulo tiene que comer. ¡No puede seguir por siempre sin comida!".

Ante esto Bankei abrió la puerta, sonriendo, y le dijo a Dairyo: "Insisto en comer la misma comida que el último de mis seguidores. Cuando llegues a ser maestro, no quiero que olvides esto".

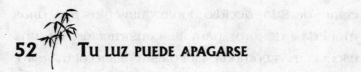

52 TU LUZ PUEDE APAGARSE

UN ESTUDIANTE DE TENDAI, una escuela filosófica del Budismo, llegó a la morada Zen de Gasan como alumno. Cuando se iba, años después, Gasan le advirtió: "Estudiar la verdad especulativamente es útil, como medio de recoger material para predicar. Pero recuerda que a menos que medites constantemente, tu luz de la verdad puede apagarse".

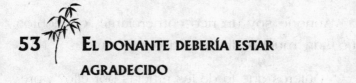

53 EL DONANTE DEBERÍA ESTAR AGRADECIDO

CUANDO SEISETSU ERA el maestro de Engaku, en Kamakura, necesitó salones más grandes pues los que usaba para enseñar estaban demasiado llenos. Umezu Seibei, un comerciante de Edo, decidió donar quinientos *ryo*, unas monedas de oro, para la construcción de una escuela más cómoda. Llevó este dinero al maestro.

Seisetsu dijo: "Muy bien. Lo tomo".

Umezu le dio a Seisetsu la bolsa de oro, pero no quedó satisfecho con la actitud del maestro. Se podía vivir todo un año con tres *ryo* y el comerciante no había recibido ni las gracias por quinientos.

"En esa bolsa hay quinientos *ryo*", insinuó Umezu.

"Ya me lo has dicho", replicó Seisetsu.

"Aunque soy un rico comerciante, quinientos *ryo* son mucho dinero", dijo Umezu.

"¿Quieres que te dé las gracias por ello?", preguntó Seisetsu.

"Debería hacerlo", respondió Umezu.

"¿Por qué?", preguntó Seisetsu. "El donante debería estar agradecido".

54 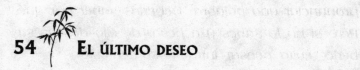 EL ÚLTIMO DESEO

IKKYU, UN FAMOSO MAESTRO ZEN de la era Ashikaga, era hijo del emperador. Cuando era muy joven, su madre dejó el palacio y fue a estudiar Zen en un templo. De esta forma el príncipe Ikkyu también se convirtió en estudiante. Cuando su madre murió, le dejó una carta que decía:

A Ikkyu:

He acabado mi trabajo en esta vida y vuelvo ahora a la eternidad. Espero que llegues a ser un buen discípulo y que realices tu naturaleza de Buda. Sabrás si estoy en el infierno y si estoy siempre contigo o no.

Si te conviertes en un hombre que comprende que el Buda y su discípulo Bodhidharma son tus sirvientes, puedes dejar de estudiar y trabajar por la humanidad. El Buda predicó durante cuarenta y nueve años y en todo ese tiempo no necesitó

pronunciar una palabra. Deberías saber por qué.
Pero si no lo sabes y a pesar de ello deseas saberlo, evita pensar infructuosamente.

> Tu madre,
> No nacida, no muerta.
> Primero de septiembre.

Posdata: La enseñanza de Buda tuvo como principal propósito iluminar a los demás. Si dependes de alguno de sus métodos, no eres nada más que un insecto ignorante. Hay 80.000 libros sobre budismo y si los lees todos y aún así no ves tu verdadera naturaleza, no entenderás siquiera esta carta. Éste es mi testamento.

55 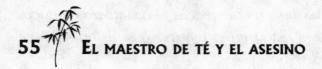 EL MAESTRO DE TÉ Y EL ASESINO

TAIKO, UN GUERRERO que vivió en Japón antes de la era Tokugawa, estudió Cha-no-yu, la etiqueta del té, con Sen no Rikyu, un maestro de esta expresión estética de calma y contento.

El ayudante de Taiko, Kato, interpretaba el entusiasmo de su superior por la etiqueta del té como negligencia hacia los asuntos de Estado, así que decidió matar a Sen no Rikyu. Simuló hacer una visita social al maestro y fue invitado a tomar té.

El maestro, que era muy diestro en su arte, vio a primera vista la intención del guerrero, así que invitó a Kato a dejar su espada afuera antes de entrar en la sala para la ceremonia, explicando que Cha-no-yu representa la paz completa.

Kato no quiso hacer caso. "Soy un guerrero", dijo. "Siempre llevo mi espada conmigo. Cha-no-yu o no Cha-no-yu, conservo mi espada".

"Muy bien. Entre con su espada y tome una taza de té", consintió Sen no Rikyu.

La tetera estaba hirviendo en el fogón de carbón. De repente Sen no Rikyu la volcó. Se levantó un vapor siseante que llenó la habitación de humo y cenizas. El guerrero, asustado, salió corriendo.

El maestro de té se disculpó. "Fue un error mío. Vuelva y tómese el té. Aquí tengo su espada llena de ceniza, la limpiaré y se la daré".

En esta situación el guerrero se dio cuenta de que no podía matar fácilmente al maestro de té, así que renunció a la idea.

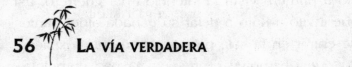

56 LA VÍA VERDADERA

JUSTO ANTES DE QUE NINAKAWA muriera, el maestro Zen Ikkyu lo visitó. "¿Quieres que te guíe?", preguntó Ikkyu.

Ninakawa replicó. "Llegué aquí solo y me voy solo. ¿En qué me podrías ayudar?"

Ikkyu contestó: "Si piensas que en realidad vienes y te vas, estás en la ilusión. Permíteme mostrarte la vía en la que no hay venir ni ir".

Con estas palabras, Ikkyu había revelado la vía tan claramente que Ninakawa sonrió y expiró.

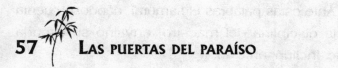

57 LAS PUERTAS DEL PARAÍSO

UN SOLDADO LLAMADO NOBUSHIGE fue a ver a Hakuin y preguntó: "¿Hay realmente un paraíso y un infierno?"

"¿Quién eres tú?", preguntó Hakuin.

"Soy un samurai", replicó el guerrero.

"¡Tú, un soldado!" exclamó Hakuin. "¿Qué clase de gobernante te tendría como guardián? Tu cara parece la de un mendigo".

Nobushige se enfureció tanto que empezó a desenvainar su espada, pero Hakuin continuó: "¡Así que tienes una espada! Tu arma probablemente está demasiado embotada para cortarme la cabeza".

A medida que Nobushige desenvainaba su espada, Hakuin prosiguió: "¡Aquí se abren las puertas del infierno!"

Ante estas palabras el samurai, dándose cuenta de la disciplina del maestro, envainó su espada y se inclinó ante él.

"Aquí se abren las puertas del paraíso", dijo Hakuin.

58  ARRESTANDO AL BUDA DE PIEDRA

UN COMERCIANTE QUE CARGABA cincuenta piezas de tela de algodón al hombro se detuvo a descansar del calor del día bajo un techo donde había un gran Buda de piedra. Se quedó dormido allí y cuando despertó su mercancía había desaparecido. Enseguida informó a la policía.

Un juez llamado O-oka abrió un juicio para investigar. "Este Buda de piedra ha debido robar la mercancía", concluyó el juez. "Se supone que debe cuidar del bienestar de la gente, pero ha fallado en cumplir su sagrado deber. Arréstenlo".

La policía arrestó al Buda de piedra y lo llevó a la corte. Una ruidosa multitud seguía a la estatua, curiosos de saber qué clase de sentencia iba a imponer el juez.

Cuando O-oka apareció en el tribunal, increpó al tumultuoso auditorio. "¿Qué derecho tienen de presentarse en la corte riendo y haciendo bromas de esta manera? Esto es desacato y serán sometidos a una multa y a prisión".

La gente se apresuró a disculparse. "Tendré que imponerles una multa", dijo el juez, "pero la perdonaré si cada uno de ustedes trae una pieza de algodón a la corte, en el plazo de tres días. El que no lo haga será arrestado".

Una de las piezas de tela que la gente llevó fue reconocida por el comerciante y así el ladrón fue descubierto fácilmente. El comerciante recuperó su mercancía y las piezas de algodón le fueron devueltas a la gente.

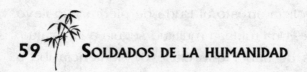
UNA VEZ, UNA DIVISIÓN DEL EJÉRCITO japonés estaba realizando un entrenamiento y los oficiales tuvieron que hacer su cuartel general en el templo de Gasan.

Gasan dijo a su cocinero: "Que los oficiales reciban la misma simple ración que comemos nosotros".

Esto enfadó a los militares, que estaban acostumbrados a ser tratados con mucha deferencia. Uno se acercó a Gasan y le dijo. "¿Quiénes crees que somos? Somos soldados que sacrificamos la vida por nuestro país. ¿Por qué no nos tratas de acuerdo con eso?"

Gasan contestó firmemente: "¿Quiénes crees que somos *nosotros*? Somos soldados de la humanidad, que buscamos salvar a todos los seres sensibles".

60 EL TÚNEL

ZENKAI, EL HIJO DE UN SAMURAI, viajó a Edo y allá entró al servicio de un alto oficial. Se enamoró de la esposa del oficial y fue descubierto. En legítima defensa, mató al oficial. Entonces huyó con la esposa.

Ambos se hicieron ladrones después. Pero la mujer era tan codiciosa que Zenkai se cansó de ella. Finalmente la dejó y viajó muy lejos, a la provincia de Buzen, donde se convirtió en un mendigo errante.

En señal de arrepentimiento por su pasado, Zenkai decidió realizar una buena acción. Sabiendo que había un carretera peligrosa sobre un acantilado, en la cual habían muerto muchas personas, resolvió tallar un túnel en la montaña.

Zenkai mendigaba comida durante el día y trabajaba por la noche excavando su túnel. Treinta años después, el túnel tenía 2.280 pies de largo, 20 de alto y 30 de ancho.

Dos años antes de acabar el trabajo, el hijo del oficial al que había matado, que era un hábil espadachín, encontró a Zenkai y fue a matarlo para vengarse.

"Te daré mi vida con gusto", dijo Zenkai. "Permíteme solamente terminar este trabajo. El día que esté acabado, puedes matarme".

Así que el muchacho se puso a esperar ese día. Pasaron varios meses y Zenkai seguía cavando. El muchacho se aburrió de no hacer nada y empezó a ayudar a cavar. Después de ayudar durante más de un año, llegó a admirar la fuerte voluntad y el carácter de Zenkai.

Al fin se terminó el túnel y la gente pudo viajar con seguridad.

"Ahora córtame la cabeza", dijo Zenkai. "Mi trabajo está hecho".

"¿Cómo puedo cortar la cabeza de mi maestro?", preguntó el hombre más joven con lágrimas en los ojos.

61  GUDO Y EL EMPERADOR

EL EMPERADOR GOYOZEI estaba estudiando Zen bajo la guía de Gudo. Preguntó: "En el Zen la misma mente es Buda. ¿Es correcto?"

Gudo contestó: "Si digo que sí, pensarás que entiendes sin entender. Si digo que no, estaría contradiciendo un hecho que muchos entienden perfectamente bien".

Otro día el emperador preguntó a Gudo: "¿A dónde va el hombre iluminado cuando muere?"

Gudo contestó: "No sé".

"¿Por qué no sabes?", preguntó el emperador.

"Porque no he muerto todavía", replicó Gudo. El emperador dudaba en preguntar más sobre las cosas que su mente no podía captar. Así que Gudo golpeó el suelo con la mano como para despertarlo y el emperador se iluminó.

El emperador respetaba el Zen y al viejo Gudo más que antes de su iluminación, e incluso permitía a Gudo llevar el sombrero puesto en palacio, en invierno. Cuando Gudo tenía más de ochenta años solía quedarse dormido en mitad de su conferencia y el emperador se retiraba en silencio para que su amado maestro pudiera gozar del descanso que su cuerpo necesitaba.

62 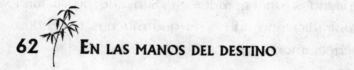 EN LAS MANOS DEL DESTINO

UN GRAN GUERRERO JAPONÉS decidió atacar al enemigo aunque sólo tenía una décima parte de los hombres del ejército contrario. Sabía que ganaría, pero sus soldados dudaban.

En el camino se detuvo en un santuario Shinto* y dijo a sus hombres: "Después de visitar el san-

---

* *Shinto:* forma que adoptó la religión popular japonesa a partir del siglo VI. En 1868 el sintoísmo fue declarado religión oficial del Japón. *[N. de la Trad.]*

tuario echaré una moneda al aire; si sale cara, ganaremos; si sale cruz, perderemos. El destino nos tiene en sus manos".

El guerrero entró en el santuario y ofreció una plegaria en silencio. Salió y arrojó la moneda. Salió cara. Sus soldados fueron a luchar con tanto entusiasmo que ganaron fácilmente la batalla.

"Nadie puede cambiar la mano del destino", le dijo su asistente después de la batalla.

"Ciertamente, no", dijo el guerrero, mostrando una moneda que tenía cara por ambos lados.

63 MATAR

GASAN ENSEÑABA a sus seguidores un día: "Los que hablan en contra de matar y desean salvar la vida de todos los seres sensibles tienen razón. Es bueno proteger incluso a los animales y a los insectos. Pero ¿qué me dicen de los que matan el tiempo, de los que destruyen la riqueza, de los que destruyen la economía política? No deberíamos pasarlos por alto. Más aún. ¿Qué me dicen del que predica sin la iluminación? Está matando el budismo".

64 EL SUDOR DE KASAN

LE PIDIERON A KASAN OFICIAR el funeral de un señor de la ciudad.

Nunca había conocido a señores y nobles así que estaba nervioso. Cuando la ceremonia empezó, Kasan sudó.

Después, cuando volvió, reunió a sus discípulos. Kasan confesó que todavía no estaba preparado para ser maestro, porque en el mundo de la fama carecía de la misma serenidad de conducta que tenía en el retiro del templo. Entonces Kasan renunció y se hizo discípulo de otro maestro.

Ocho años más tarde volvió con sus antiguos discípulos, iluminado.

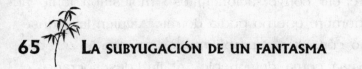

65 LA SUBYUGACIÓN DE UN FANTASMA

UNA JOVEN ESPOSA ENFERMÓ y cuando estaba a punto de morir, dijo a su esposo: "Te quiero tanto, no quiero dejarte. No me sustituyas por otra mujer. Si lo haces, volveré como un fantasma y te causaré problemas sin fin".

La mujer murió al poco tiempo. El esposo respetó su último deseo los tres primeros meses, pero entonces conoció a otra mujer y se enamoró de ella. Se comprometieron en matrimonio.

Inmediatamente después del compromiso empezó a aparecérsele al hombre todas las noches un fantasma que le reprochaba que no hubiera cumplido su promesa. Además el fantasma era listo. Le decía al hombre exactamente todo lo que había pasado entre él y su nuevo amor. Cada vez que le daba a su novia un regalo, el fantasma lo describía con todo detalle. Podía incluso repetir conversaciones; eso molestaba tanto al hombre que no podía dormir. Alguien le aconsejó consultar el problema con un monje Zen que vivía cerca del pueblo. Al fin, desesperado, el pobre hombre fue a pedirle ayuda.

"Su difunta esposa se volvió un fantasma y sabe todo lo que usted hace", comentó el maestro. "Cualquier cosa que haga o diga, cualquier cosa que le dé usted a su amada, ella lo sabe. Debe de ser un fantasma muy listo. Debería admirar a un fantasma así, realmente. La próxima vez que lo vea, negocie con él. Dígale que sabe tanto que usted no puede ocultarle nada y que si le contesta una pregunta, usted promete romper su compromiso y quedarse soltero".

"¿Cuál es la pregunta que debo hacerle?", preguntó el hombre.

El maestro replicó: "Tome un gran puñado de fríjoles de soya y pregúntele cuántos granos exactamente tiene usted en la mano. Si no le puede decir, usted sabrá que es sólo una invención de su imaginación y no lo molestará más".

La noche siguiente, cuando apareció el fantasma, el hombre lo aduló diciéndole que no podía ocultarle nada.

"Cierto", replicó el fantasma, "y sé que fuiste a ver a ese maestro Zen hoy".

"Y puesto que sabes tanto", pidió el hombre, "¡dime cuántos fríjoles tengo en esta mano!"

Pero ya no hubo un fantasma que contestara la pregunta.

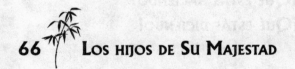

66 LOS HIJOS DE SU MAJESTAD

YAMAOKA TESSHU ERA TUTOR del emperador. También era maestro de esgrima y un profundo estudiante del Zen.

Su casa era refugio de vagabundos. Sólo tenía una muda de ropa porque siempre lo mantenían en la pobreza.

El emperador, observando lo gastados que estaban sus vestidos, le dio a Yamaoka dinero para que comprara unos nuevos. La siguiente vez que Yamaoka apareció, llevaba el mismo vestido viejo.

"¿Qué pasó con la ropa nueva, Yamaoka?", preguntó el emperador.

"Proveí de ropas a los hijos de Su Majestad", explicó Yamaoka.

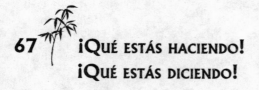

67 ¡Qué estás haciendo! ¡Qué estás diciendo!

ACTUALMENTE SE DICEN muchas tonterías sobre los maestros y los discípulos y sobre la transmisión de la enseñanza de un maestro a sus discípulos favoritos, que los autoriza a transmitir la verdad a sus seguidores. Por supuesto, el Zen debería impartirse de esa forma, de corazón a corazón, y en el pasado así se hacía realmente. Reinaban el silencio y la humildad más que la manifestación y la afirmación. El que recibía tal enseñanza lo mantenía oculto incluso por veinte años. Hasta que otro no descubría por necesidad propia que había un verdadero maestro cerca, no se sabía que la enseñanza había sido transmitida, e incluso entonces la ocasión surgía naturalmente y la enseñanza se abría camino por derecho propio. Bajo ninguna circunstancia el maestro declaraba "Soy el sucesor de fulano y zutano". Tal reclamación habría probado exactamente lo contrario.

El maestro Zen Mu-nan tenía sólo un sucesor. Se llamaba Shoju. Cuando Shoju culminó su estudio del Zen, Mu-nan lo llamó a su cuarto. "Me estoy volviendo viejo", dijo, "y hasta donde sé, Shoju, eres el único que continuará esta enseñanza. Aquí hay un libro. Ha pasado de maestro en maestro durante siete generaciones. Yo también le he añadido muchos puntos, de acuerdo con mi comprensión. El libro es muy valioso y te lo doy como señal de tu sucesión".

"Si el libro es algo tan importante, debería conservarlo", replicó Shoju. "Recibí su Zen sin escritura y estoy satisfecho con él como es".

"Lo sé", dijo Mu-nan. "Aun así, esta obra ha pasado de maestro a maestro durante siete generaciones, así que puedes conservarla como símbolo de que has recibido la enseñanza. Toma".

Casualmente los dos estaban hablando frente a un brasero. En el momento en que Shoju sintió el libro en sus manos, lo arrojó al carbón llameante. No tenía deseo de posesiones.

Mu-nan, que nunca se había enfadado antes, gritó: "¡Qué estás haciendo!"

Shoju le gritó también: "¡Qué estás diciendo!"

68 UNA NOTA DE ZEN

DESPUÉS DE QUE KAKUA VISITÓ al emperador, desapareció y nadie supo qué fue de él. Fue el primer japonés que estudió el Zen en China, pero puesto que no enseñó nada, excepto una nota, no se lo recuerda por haber llevado el Zen a su país.

Kakua visitó China y aceptó la enseñanza verdadera. No viajó mientras estuvo allá. Meditando constantemente, vivía en un lugar remoto de una montaña. Cuando la gente lo encontraba y le pedía que predicara, decía unas pocas palabras y se mudaba a otra parte de la montaña, donde no pudiera ser encontrado tan fácilmente.

El emperador oyó hablar de Kakua cuando volvió al Japón y le pidió que predicara el Zen para su edificación y la de sus súbditos.

Kakua permaneció ante el emperador de pie y en silencio. Entonces sacó una flauta de los pliegues de su manto y tocó una corta nota. Se inclinó cortésmente y desapareció.

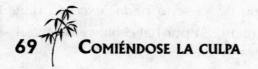

69 COMIÉNDOSE LA CULPA

UN DÍA, POR CIERTAS CIRCUNSTANCIAS, se retrasó la preparación de la comida de Fugai, un maestro de Zen Soto, y de sus discípulos. A toda prisa el cocinero fue al huerto con su cuchillo curvo, cortó verduras, las picó todas juntas y preparó una sopa sin darse cuenta de que en su apresuramiento había incluido un trozo de culebra entre las verduras.

Los discípulos de Fugai opinaron que nunca habían comido una sopa tan buena. Pero cuando el propio maestro encontró la cabeza de la culebra en su cuenco, llamó al cocinero. "¿Qué es esto?", preguntó, levantando la cabeza de la culebra.

"¡Oh, gracias, maestro!", replicó el cocinero, tomando el bocado y comiéndoselo rápidamente.

70 LA COSA MÁS VALIOSA DEL MUNDO

UN ESTUDIANTE PREGUNTÓ a Sozan, un maestro Zen chino: "¿Cuál es la cosa más valiosa del mundo?"

El maestro replicó: "La cabeza de un gato muerto".

"¿Por qué es la cabeza de un gato muerto lo más valioso del mundo?", inquirió el estudiante.

Sozan replicó: "Porque nadie puede decir su precio".

71 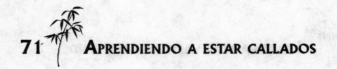 APRENDIENDO A ESTAR CALLADOS

LOS DISCÍPULOS DE LA ESCUELA Tendai solían practicar meditación antes de que el Zen fuera introducido en Japón. Cuatro discípulos que eran amigos íntimos, se prometieron mutuamente observar siete días de silencio.

El primer día todos estuvieron callados. Su meditación había comenzado favorablemente, pero cuando llegó la noche y las lámparas de aceite se volvieron mortecinas, uno de ellos no pudo evitar decirle a un criado: "Arregla esas lámparas".

El segundo se sorprendió de oír hablar al primero. "Se supone que no debemos decir una palabra", señaló.

"Ustedes dos son estúpidos. ¿Por qué hablaron?", preguntó el tercero.

"Soy el único que no he hablado", concluyó el cuarto discípulo.

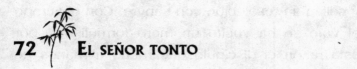

72 EL SEÑOR TONTO

DAIGU Y GUDO, dos maestros Zen, fueron invitados a visitar a un señor. Al llegar, Gudo le dijo: "Usted es sabio por naturaleza y tiene una habilidad innata para aprender el Zen".

"Tonterías", dijo Daigu. "¿Por qué adulas a este tonto? Puede ser un señor, pero no sabe nada de Zen".

Así que, en lugar de construir un templo para Gudo, el señor lo hizo para Daigu y estudió Zen con él.

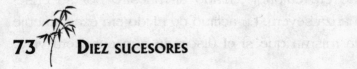

73 DIEZ SUCESORES

LOS DISCÍPULOS ZEN HACEN VOTO de que, incluso si su maestro los mata, ellos se proponen aprender Zen. Generalmente se cortan un dedo y sellan su resolución con sangre. Con el tiempo el voto se ha vuelto un mero formulismo; por esta razón el discípulo que murió a manos de Ekido aparece como un mártir.

Ekido se había vuelto un maestro severo. Sus discípulos le temían. Un día uno que estaba de servicio se equivocó al golpear el gong para señalar la hora, cuando su mirada fue atraída por una bella muchacha que pasaba por la puerta del templo.

En ese momento Ekido, que estaba justamente detrás de él, lo golpeó con un bastón y sucedió que el golpe lo mató.

Al saber del accidente, el tutor del discípulo fue directamente a donde Ekido. Enterado de que no era culpable, alabó al maestro por su enseñanza severa. La actitud de Ekido era exactamente la misma que si el discípulo aún estuviera vivo.

Después de que ocurriera esto, fue capaz de producir bajo su guía más de diez sucesores iluminados, un número poco usual.

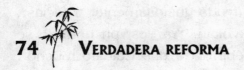
RYOKAN DEDICÓ SU VIDA al estudio del Zen. Un día se enteró de que su sobrino, a pesar de las amonestaciones de sus familiares, estaba gastando dinero en una cortesana. Considerando que el sobrino había tomado el lugar de Ryokan en la administración de las propiedades de la familia y que éstas corrían peligro de ser malgastadas, los familiares le pidieron a Ryokan que hiciera algo al respecto.

Ryokan tuvo que hacer un largo viaje para visitar a su sobrino, al que no había visto desde hacía muchos años. El sobrino se mostró contento de ver de nuevo a su tío y lo invitó a pasar la noche.

Ryokan meditó toda la noche. Por la mañana, cuando se iba, le dijo al joven: "Debo estar volviéndome viejo, me tiembla mucho la mano. ¿Me ayudas a amarrar la cuerda de mi sandalia de paja?"

El sobrino lo ayudó gustosamente. "Gracias", dijo finalmente Ryokan. "Ya ves, un hombre se vuelve viejo y débil día a día. Cuídate mucho". Y luego se fue, sin mencionar nada de la cortesana o las quejas de los parientes. Pero, desde esa mañana, se acabó la vida disipada del sobrino.

75 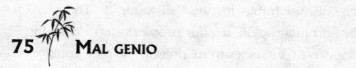 MAL GENIO

UN ESTUDIANTE DE ZEN FUE a donde Bankei y se quejó: "Maestro, tengo un carácter ingobernable. ¿Cómo puedo mejorarlo?"

"Tienes algo muy extraño", replicó Bankei. "Permíteme ver lo que tienes".

"Precisamente ahora no puedo mostrárselo", replicó el otro.

"¿Cuándo puedes mostrármelo?", preguntó Bankei.

"Surge inesperadamente", replicó el estudiante.

"Entonces", concluyó Bankei, "no debe ser tu verdadera naturaleza. Si lo fuera, me lo podrías mostrar en cualquier momento. Cuando naciste no lo tenías y no te lo dieron tus padres. Piénsalo bien".

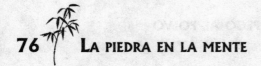

76 LA PIEDRA EN LA MENTE

HOGEN, UN MAESTRO ZEN CHINO, vivía solo en un pequeño templo en el campo. Un día aparecieron cuatro monjes peregrinos y preguntaron si podían prender una hoguera en su patio para calentarse.

Mientras alimentaban el fuego, Hogen los oyó discutir sobre la subjetividad y la objetividad. Se les acercó y dijo: "Allá hay una gran piedra. ¿Consideran que está dentro o fuera de su mente?"

Uno de los monjes replicó: "Desde el punto de vista budista todo es una objetivación de la mente, así que diría que la piedra está dentro de mi mente".

"Debes sentir la cabeza muy pesada", observó Hogen, "si cargas una piedra como ésa en tu mente".

77 SIN APEGO AL POLVO

ZENGETSU, un maestro chino de la dinastía T'ang, escribió el siguiente consejo para sus discípulos:

Vivir en el mundo y sin embargo no desarrollar apegos con el polvo del mundo, es la vía de un verdadero estudiante de Zen.

Cuando presencies la buena acción de otro, anímate a seguir su ejemplo. Si sabes del error de otro, aconséjate no emularlo.

Aunque estés solo en una habitación oscura, compórtate como si estuvieras frente a un huésped noble. Expresa tus sentimientos, pero no seas más expresivo que tu verdadera naturaleza.

La pobreza es tu tesoro. No la cambies nunca por una vida fácil.

Una persona puede parecer necia y sin embargo no serlo. Puede estar solamente guardando su sabiduría con cuidado.

Las virtudes son el fruto de la autodisciplina y no caen del cielo por sí solas, como la lluvia o la nieve.

La modestia es el fundamento de todas las virtudes. Deja que tu prójimo te descubra antes de darte a conocer.

Un corazón noble nunca se impone por la fuerza. Sus palabras son como gemas raras, casi nunca exhibidas y de gran valor.

Para un estudiante sincero, cada día es un día afortunado. El tiempo pasa, pero él nunca se queda atrás. Ni la gloria ni la vergüenza pueden moverlo.

Censúrate a ti mismo, nunca a los otros. No discutas sobre el bien y el mal.

Algunas cosas, aunque correctas, se consideraron erróneas durante muchas generaciones. Puesto que el valor de la virtud puede ser reconocido después de siglos, no hay necesidad de anhelar un reconocimiento inmediato.

Vive con causa y deja los resultados a la gran ley del universo. Pasa cada día en contemplación pacífica.

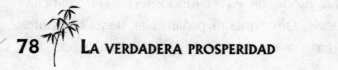

78 LA VERDADERA PROSPERIDAD

UN HOMBRE RICO LE PIDIÓ a Sengai que escribiera algo para la prosperidad continua de su familia, de modo que pudiera ser atesorado de generación en generación.

Sengai tomó una gran hoja de papel y escribió:

"El padre muere, el hijo muere, el nieto muere".

El hombre se puso furioso. "¡Te pedí que escribieras algo para la felicidad de mi familia! ¿Por qué haces un chiste así?"

"No intento hacer un chiste", explicó Sengai. "Si tu hijo muriera antes de que tú mueras, esto te daría mucho dolor. Si tu nieto muriera antes que tu hijo, a ustedes dos se les partiría el corazón. Si tu familia, generación tras generación, muere en el orden que he nombrado, será el curso natural de la vida. Llamo a esto la verdadera prosperidad".

79 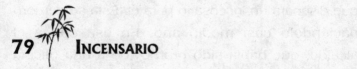 INCENSARIO

UNA MUJER DE NAGASAKI llamada Kame era una de las pocas que hacían incensarios en Japón. Tales incensarios son obras de arte que sólo se usan en los salones de té o ante un altar familiar.

Kame, cuyo padre había sido un artista de incensarios antes que ella, era aficionada a la bebida. También fumaba y casi siempre andaba en compañía de hombres. Cada vez que ganaba un poco de dinero daba una fiesta a la que invitaba a artistas, poetas, carpinteros, trabajadores, hombres de muchas vocaciones y ocupaciones. En compañía de ellos desarrollaba sus diseños.

Kame era excesivamente lenta para crear, pero cuando acababa su trabajo, siempre era una obra maestra. Sus incensarios eran atesorados en hogares donde las mujeres nunca tomaban, ni fumaban, ni trataban libremente con hombres.

El alcalde de Nagasaki pidió una vez a Kame que diseñara un incensario para él. Ésta se demoró haciéndolo casi medio año. En esa época el alcalde, que había sido promovido a una oficina en una ciudad distante, la visitó. Apremió a Kame a que empezara a trabajar en su incensario.

Al fin le llegó la inspiración e hizo el incensario. Cuando lo acabó, lo puso sobre una mesa. Lo observó larga y cuidadosamente. Fumó y tomó ante él, como si fuera su acompañante, todo el día.

Luego tomó un martillo y lo volvió pedazos. Vio que no era la creación perfecta que requería su mente.

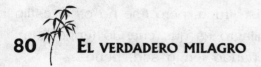

80 EL VERDADERO MILAGRO

CUANDO BANKEI ESTABA PREDICANDO en el templo de Ruymon, un sacerdote de Shinshu, que creía en la salvación por medio de la repetición del nombre del Buda del Amor, se sintió celoso de su amplio auditorio y quiso debatir con él.

Bankei estaba en medio de una charla cuando apareció el sacerdote, pero el hombre causó tanto ruido que Bankei interrumpió su discurso y preguntó sobre la causa del ruido.

"El fundador de nuestra secta", se jactó el sacerdote, "tenía poderes tan milagrosos que sostenía un pincel en la mano en una orilla del río, su ayudante sostenía un pincel en la otra orilla y el maestro escribía el santo nombre de Amida* a través del aire. ¿Puedes hacer algo tan prodigioso?"

Bankei replicó ligeramente: "Quizá su zorro puede hacer ese truco, pero ése no es el estilo del Zen. Mi milagro es que cuando tengo hambre como y cuando tengo sed, bebo".

81  SIMPLEMENTE DUÉRMASE

GASAN ESTABA SENTADO al pie de la cama de Tekisui tres días antes de la muerte de su maestro. Tekisui ya lo había escogido como su sucesor. Se había incendiado hacía poco un templo y Gasan estaba ocupado reconstruyendo la estructura. Tekisui le preguntó: "¿Qué vas a hacer cuando hayas reconstruido el templo?"

"Cuando usted se haya curado queremos que hable en él", dijo Gasan.

---

* *Amida:* es el Buda supremo para la secta Yodo, el Buda de la luz eterna. *[N. de la Trad.]*

"Supón que no vivo hasta entonces".

"Entonces conseguiremos a otro", replicó Gasan.

"Supón que no pueden encontrar a nadie", continuó Tekisui.

Gasan contestó bruscamente: "No haga preguntas tontas. Simplemente duérmase".

82  NADA EXISTE

CUANDO ESTUDIABA ZEN de joven, Yamaoka Tesshu visitaba un maestro tras otro. Fue a visitar a Dokuon de Shokoku.

Deseando mostrar su saber, dijo: "Después de todo, la mente, Buda y los seres sensibles no existen. La verdadera naturaleza de los fenómenos es la vacuidad. No hay realización ni ilusión, ni sabio ni ignorante. No hay don ni nada que recibir".

Dokuon, que estaba fumando en silencio, no dijo nada. De improviso golpeó a Yamaoka con su pipa de bambú. Esto enfureció al joven.

"Si nada existe", preguntó Dokuon, "¿de dónde vino esa rabia?"

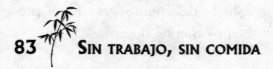

83 SIN TRABAJO, SIN COMIDA

HYAKUJO, EL MAESTRO ZEN CHINO, solía trabajar con sus discípulos incluso a los ochenta años cortando el pasto, limpiando la tierra y podando los árboles.

A los discípulos les daba pesar ver al viejo maestro trabajando tan duro, pero sabían que no escucharía su consejo de no hacerlo más, así que le escondieron las herramientas.

Ese día el maestro no comió, ni tampoco el siguiente. "Debe estar enfadado porque le escondimos las herramientas", supusieron los discípulos. "Mejor se las devolvemos".

Cuando lo hicieron, el maestro trabajó y comió lo mismo que antes. Por la noche les enseñó: "Sin trabajo, sin comida".

84 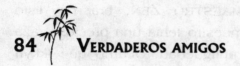 VERDADEROS AMIGOS

HACE MUCHOS AÑOS EN CHINA había dos amigos, uno que tocaba el arpa hábilmente y otro que escuchaba con mucha atención.

Cuando el uno tocaba o cantaba acerca de una montaña, el otro decía: "Puedo ver la montaña ante nosotros".

Cuando el uno tocaba sobre el agua, el que escuchaba decía: "¡Aquí está la corriente fluyendo!"

Pero el que escuchaba se enfermó y murió. El amigo cortó las cuerdas de su arpa y nunca volvió a tocar. Desde esa época, cortar las cuerdas del arpa ha sido símbolo de amistad íntima.

85  EL MOMENTO DE MORIR

IKKYU, EL MAESTRO ZEN, era muy listo desde niño. Su maestro tenía una preciosa taza de té, una rara antigüedad. Ocurrió que Ikkyu rompió esa taza y estaba muy turbado. Al oír los pasos del maestro, escondió los trozos de la taza. Cuando apareció el maestro, Ikkyu preguntó: "¿Por qué tiene que morir la gente?"

"Eso es natural", explicó el viejo. "Todo tiene que morir y tiene solamente un tiempo para vivir".

Ikkyu, sacando la taza rota, añadió: "Era la hora de que su taza muriera".

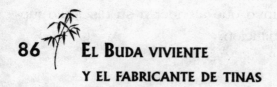

86 EL BUDA VIVIENTE
Y EL FABRICANTE DE TINAS

LOS MAESTROS DE ZEN dan orientación personal en una habitación aislada. Nadie entra mientras el maestro y el discípulo están juntos.

Mokurai, el maestro Zen del templo de Kennin en Kioto, se divertía hablando con comerciantes y periodistas así como con sus discípulos. Cierto fabricante de tinas era casi analfabeto. Hacía preguntas tontas a Mokurai, tomaba té y se iba.

Un día, mientras estaba de visita el fabricante de tinas, Mokurai quería dar orientación personal a un discípulo, así que le pidió al hombre que esperara en otra habitación.

"Entiendo que usted es un Buda viviente", protestó el hombre. "Pero ni los Budas de piedra de los templos rechazan a las numerosas personas que se congregan ante ellos. Entonces, ¿por qué debo ser excluido yo?"

Mokurai tuvo que atender a su discípulo fuera de la habitación.

87 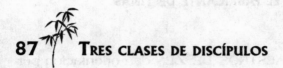 TRES CLASES DE DISCÍPULOS

AL COMIENZO DE LA ERA TOKUGAWA vivió un maestro Zen llamado Gettan. Solía decir: "Hay tres clases de discípulos: los que enseñan el Zen a los otros, los que mantienen los templos y los santuarios, y también están los costales de arroz y los ganchos de ropa".

Gasan expresó la misma idea. Cuando estaba estudiando bajo la guía de Tekisui, su maestro era muy severo. A veces, incluso lo golpeaba. Otros discípulos no soportaban esta clase de enseñanza y se iban. Gasan se quedó, afirmando: "Un mal discípulo utiliza la influencia de un maestro. Un discípulo normal admira la bondad de un maestro. Un buen discípulo se fortalece bajo la disciplina de un maestro".

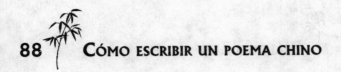
Le preguntaron a un famoso poeta japonés cómo escribir un poema chino.

"El poema chino usual tiene cuatro líneas", explicó. "La primera línea contiene la fase inicial; la segunda, su continuación; la tercera línea comienza un nuevo tema y la cuarta combina las tres primeras. Hay una canción popular japonesa que ilustra esto:

En Kyoto viven dos hijas de un mercader de seda.

La mayor tiene veinte años, la menor, dieciocho.

Un soldado puede matar con su espada,

pero estas jóvenes matan hombres con los ojos".

LOS MAESTROS ZEN ENTRENAN a sus discípulos jóvenes en el arte de la expresión. Dos templos Zen tenían, cada uno, un niño protegido. Todas las mañanas, al ir a buscar verduras los niños se encontraban en el camino.

"¿A dónde vas?", le preguntó uno al otro un día.

"Voy a donde vayan mis pies", contestó el otro.

Esta respuesta desconcertó al primero, que fue a pedir ayuda a su maestro. "Mañana por la mañana", le dijo el maestro, "cuando te encuentres a ese jovencito, hazle la misma pregunta. Te dará la misma respuesta, y entonces pregúntale: 'Supón que no tienes pies, entonces ¿a dónde vas?' Eso lo pondrá en su sitio".

Los chicos se volvieron a encontrar la mañana siguiente.

"¿A dónde vas?", preguntó el primer niño.

"Voy a dónde sople el viento", contestó el otro.

Esto dejó de nuevo perplejo al joven, que fue a contarle su derrota al maestro.

"Pregúntale a dónde va si no hay viento", sugirió el maestro.

Al día siguiente los niños se encontraron por tercera vez.

"¿A dónde vas?", preguntó el primero.

"Voy al mercado a comprar verduras", respondió el otro.

90 EL ÚLTIMO GOLPE

TANGEN HABÍA ESTUDIADO con Sengai desde su niñez. Cuando tenía veinte años quiso dejar a su maestro y visitar a otros para hacer estudios comparativos, pero Sengai no lo permitía.

Cada vez que Tangen lo sugería, Sengai le daba un golpe en la cabeza.

Finalmente Tangen le pidió a un hermano mayor que convenciera a Sengai de que le diera el permiso. El hermano lo hizo y le informó a Tangen: "Ya está arreglado. He acordado que empieces tu peregrinaje inmediatamente".

Tangen fue a ver a Sengai para agradecerle el permiso. El maestro le contestó con otro golpe.

Cuando Tangen le contó esto a su hermano mayor, el otro dijo: "¿Qué pasa? Sengai no tiene oficio dando permiso y luego cambiando de opinión. Se lo voy a decir". Y se fue a ver al maestro.

"No anulé mi permiso", dijo Sengai. "Sólo quise darle un último golpe en la cabeza, porque cuando vuelva estará iluminado y no podré volver a regañarlo".

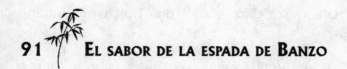

91 El sabor de la espada de Banzo

Matajuro Yagyu era hijo de un famoso espadachín. Su padre, pensando que el trabajo de su hijo era demasiado mediocre para esperar que llegara a ser un maestro, lo repudió.

Así que Matajuro fue al monte Futara y allí encontró al famoso espadachín Banzo. Pero Banzo confirmó el juicio del padre. "¿Quieres aprender el arte de la esgrima bajo mi guía?", preguntó Banzo. "No puedes cumplir los requisitos".

"Pero si trabajo duro, ¿cuántos años me tomará llegar a ser un maestro?", insistió el joven.

"El resto de tu vida", replicó Banzo.

"No puedo esperar todo ese tiempo", explicó Matajuro. "Estoy dispuesto a pasar cualquier dificultad con tal de que me enseñes. Si me convierto en tu sirviente devoto, ¿cuánto tiempo podría ser?"

"Oh, quizá diez años", dijo Banzo ablandándose.

"Mi padre se está volviendo viejo y debo ocuparme de él pronto", continuó Matajuro. "Si trabajo mucho más intensamente, ¿cuánto tiempo me llevaría?"

"Oh, quizá treinta años", dijo Banzo.

"¿Cómo es eso?", preguntó Matajuro. "Primero dices diez y luego treinta años. ¡Pasaré por cualquier dificultad para dominar este arte en el menor tiempo!"

"Bien", dijo Banzo, "en ese caso tendrás que quedarte conmigo setenta años. Un hombre con tanta prisa por obtener resultados como tú, rara vez aprende rápido".

"Muy bien", declaró el joven, comprendiendo al fin que se le estaba reprochando la impaciencia. "De acuerdo".

A Matajuro se le dijo que no hablara nunca de esgrima ni tocara una espada. Cocinó para su maestro, lavó los platos, hizo su cama, lim-

134

pió el jardín, todo sin decir una palabra sobre esgrima.

Pasaron tres años. Matajuro todavía seguía trabajando. Pensando en su futuro, se sentía triste. No había empezado siquiera a aprender el arte al cual había consagrado su vida.

Pero un día Banzo se deslizó detrás de él y le dio un golpe terrible con una espada de madera.

Al día siguiente, cuando Matajuro estaba cocinando arroz, Banzo saltó de nuevo sobre él inesperadamente.

Después de esto, día y noche Matajuro tuvo que defenderse de ataques inesperados. No pasaba un momento del día en que no tuviera que pensar en el sabor de la espada de Banzo. Aprendió tan rápido que su maestro sonreía con aprobación. Matajuro llegó a ser el espadachín más importante en esa tierra.

HAKUIN LES HABLABA a sus discípulos de una anciana que tenía una tienda de té, y alababa su comprensión del Zen. Los discípulos se negaban a creer lo que les decía e iban a la tienda a averiguar por sí mismos.

Cuando la mujer los veía llegar, podía saber de inmediato si habían ido por té o a averiguar sobre su comprensión del Zen. En el primer caso, les servía cortésmente. En el segundo, les hacía señas de que fueran tras el biombo. Cuando le obedecían, los golpeaba con el atizador del fuego.

Nueve de cada diez no lograban escapar a sus golpes.

93 EL ZEN DEL CUENTERO

ENCHO ERA UN FAMOSO CUENTERO. Sus cuentos de amor conmovían el corazón de sus oyentes. Cuando narraba una historia de guerra, era como si los oyentes estuvieran en el campo de batalla.

Un día Encho conoció a Yamaoka Tesshu, un laico que casi había alcanzado la maestría en el Zen. "Entiendo", dijo Yamaoka, "que usted es el mejor contador de historias de nuestra tierra y que hace llorar o reír a la gente a su gusto. Cuénteme mi historia favorita, la del niño durazno. Cuando era un chiquillo solía dormir con mi madre y ella contaba esta leyenda a menudo. En mitad de la historia me quedaba dormido. Cuéntemela exactamente como lo hacía mi madre".

Encho no se atrevió a hacerlo. Pidió tiempo para estudiar. Unos meses después fue a ver a

Yamaoka y dijo: "Por favor, déme la oportunidad de contarle la historia".

"Otro día", respondió Yamaoka.

Encho quedó profundamente desilusionado. Estudió más y lo intentó de nuevo. Yamaoka lo rechazó muchas veces. Cuando Encho empezaba a hablar, Yamaoka lo interrumpía diciendo: "Todavía no es usted como mi madre".

A Encho le llevó cinco años contar a Yamaoka la leyenda en la forma en que se la había contado su madre.

De esa manera, Yamaoka dio a conocer el Zen a Encho.

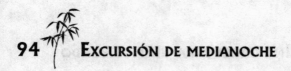

HABÍA MUCHOS DISCÍPULOS estudiando meditación con el maestro de Zen Sengai. Uno de ellos solía levantarse por la noche, saltar la pared del templo e ir a la ciudad en paseo de placer.

Sengai, inspeccionando los dormitorios, encontró una noche que faltaba ese alumno y también descubrió el taburete alto que había usado para escalar la tapia. Sengai quitó el taburete y se paró en su lugar.

Cuando volvió el paseante, sin saber que Sengai era el taburete, puso el pie sobre la cabeza del maestro y saltó al suelo. Al descubrir lo que había hecho, quedó estupefacto.

Sengai dijo: "Hace mucho frío en la madrugada. Ten cuidado de no resfriarte".

El discípulo nuca más volvió a salir de noche.

95 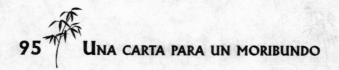 UNA CARTA PARA UN MORIBUNDO

BASSUI ESCRIBIÓ la siguiente carta a uno de sus discípulos, que estaba a punto de morir:

"La esencia de tu mente no ha nacido, así que nunca morirá. No es una existencia, que es perecedera. No es vacuidad, que es mero vacío. No tiene color ni forma. No goza de placeres ni sufre dolores.

"Sé que estás muy enfermo. Como un buen estudiante de Zen, estás enfrentando esta enfermedad con firmeza. Puedes no saber exactamente quién está sufriendo, pero pregúntate a ti mismo: ¿Cuál es la esencia de esta mente? Piensa solamente en esto. No necesitarás más. No desees nada. Tu fin, que es eterno, es como un copo de nieve disolviéndose en el aire puro".

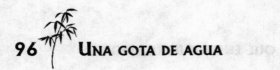

96 UNA GOTA DE AGUA

UN MAESTRO ZEN LLAMADO GISAN le pidió a un joven estudiante que le llevara un balde de agua para enfriar su baño.

El estudiante llevó el agua y, después de enfriar el baño, derramó en el suelo el poquito que había sobrado.

"¡Tonto!", lo regañó el maestro. "¿Por qué no les diste el resto del agua a las plantas?" ¿Qué derecho tienes a desperdiciar ni una gota de agua en este templo?"

El joven estudiante alcanzó el Zen en ese instante. Cambió su nombre por el de Tekisui, que significa una gota de agua.

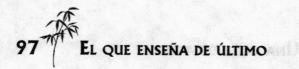

97 EL QUE ENSEÑA DE ÚLTIMO

EN LA ANTIGÜEDAD, en Japón se usaban linternas de bambú y papel con velas dentro. A un ciego que visitaba una noche a un amigo, le ofrecieron una linterna para que se la llevara a casa.

"No necesito linterna", dijo. "La oscuridad o la luz son lo mismo para mí".

"Sé que no necesitas una linterna para encontrar tu camino", contestó su amigo, "pero si no llevas una, alguien puede tropezar contigo, así que debes tomarla".

El ciego se puso en camino con la linterna y antes de que llegara muy lejos alguien se estrelló contra él. "¡Mira por donde vas!", le dijo al extraño. "¿No ves esta linterna?"

"Tu vela se ha consumido, hermano", replicó el extraño.

KITANO GEMPO, abad del templo de Eihei, tenía noventa y ocho años cuando murió en el año 1933. Dedicó toda su vida a no estar apegado a nada. Como mendicante errante, cuando tenía veinte años se encontró a un viajero que fumaba tabaco. A medida que bajaban juntos por una carretera de montaña, se detuvieron bajo un árbol a descansar. El viajero le ofreció tabaco a Kitano, lo cual aceptó, pues tenía mucha hambre en el momento.

"Qué agradable es fumar", comentó. El otro le dio una pipa y tabaco y se separaron.

Kitano pensó: "Las cosas tan agradables pueden perturbar la meditación. Antes de que vaya demasiado lejos voy a suspender esto ahora". Así que se deshizo del equipo de fumador.

Cuando tenía veintitrés años estudió I-King, la doctrina más profunda del universo. En esa ocasión era invierno y necesitaba ropa gruesa. Escribió a su maestro, que vivía a cien millas de distancia, contándole su necesidad, y le dio la carta a un viajero para que se la llevara. Pasó casi todo el invierno y no llegaron ni la respuesta ni los vestidos. Así que Kitano recurrió a la clarividencia del *I-King*, que también enseña el arte de la adivinación, para saber si su carta se había perdido o no. Descubrió que así había ocurrido. Después llegó una carta de su maestro que no mencionaba la ropa.

"Si realizo un trabajo tan exacto y concienzudo con el *I-King*, puedo descuidar mi meditación", pensó Kitano. Así que abandonó esta enseñanza maravillosa y nunca volvió a recurrir a sus poderes.

Cuando tenía veintiocho años estudió caligrafía y poesía chinas. Se volvió tan hábil en esas artes que su profesor lo alabó. Kitano reflexionó: "Si no me detengo ahora, seré poeta, no maestro Zen". Así pues, nunca volvió a escribir otro poema.

99 EL VINAGRE DE TOSUI

TOSUI FUE EL MAESTRO ZEN que dejó el formalismo de los templos para vivir bajo un puente con los mendigos. Cuando se volvió muy viejo, un amigo lo ayudó a ganarse la vida sin mendigar. Le enseñó a recoger trigo y fabricar vinagre con él, y Tosui lo hizo hasta que murió.

Mientras Tosui estaba haciendo vinagre, uno de los mendigos le dio un cuadro del Buda. Tosui lo colgó en la pared de su choza y puso un letrero junto a él que decía: "Señor Amida Buda: este cuartito es muy estrecho. Puedo permitirle quedarse como huésped. Pero no crea que le estoy pidiendo que me ayude a renacer en su paraíso".

100  EL TEMPLO SILENCIOSO

SHOICHI ERA UN MAESTRO TUERTO de Zen, que brillaba de iluminación. Enseñaba a sus discípulos en el templo Tofuku.

Día y noche el templo permanecía en silencio. No había el mínimo ruido.

Incluso la recitación de los sutras fue abolida por el maestro. Sus discípulos no tenían nada que hacer sino meditar.

Cuando el maestro murió, un vecino oyó el tañido de las campanas y la recitación de los sutras. Entonces supo que Shoichi se había ido.

Buda dijo: "Considero la situación de los reyes y los gobernantes como la de las motas de polvo. Observo los tesoros de oro y piedras preciosas como ladrillos y guijarros. Miro los vestidos más finos de seda como andrajos desgarrados. Veo las miríadas de mundos del universo como pequeñas semillas, y el lago más grande de la India como una gota de aceite en mi pie. Percibo las enseñanzas del mundo como la ilusión de los magos. Entiendo la concepción más alta de emancipación como un brocado de oro en un sueño, y veo el santo camino de los iluminados como flores que aparecen en los ojos. Veo la meditación como un pilar de una montaña, el Nirvana* como una pesadilla diurna. Considero el juicio del bien y el mal como la danza

---

* *Nirvana:* la iluminación o comprensión suprema lleva al nirvana, que en los textos budistas primitivos no se define positivamente sino por negación. *[N. de la Trad.]*

serpentina de un dragón, y el surgimiento y la decadencia de las creencias como nada más que huellas dejadas por las cuatro estaciones".

148